AF763949

Schritt für Schritt

ARBEITSBUCH

Herausgegeben von
Petra Hölscher

Autoren
Petra Hölscher
Evelyn Schier
Ingrid Vogl
und
Isolde Eberhard
Gerda Fleßa
Martin Förster
Rosemarie Hesse-Kauter
Jörg Knobloch
Stephan Krebs
Reinhold Nebel
Alfons Voit
Sigrid Weiner

Schroedel
westermann

Vorbemerkung zu Arbeitsbuch 3

Mit dem dritten Band der Reihe „Schritt für Schritt. Selbstständig Deutsch lernen" werden der Erwerb und das Erproben der deutschen Sprache fortgesetzt und durch Einbeziehung des deutschsprachigen Umfeldes auf vielfach bewährte, erfolgreiche Weise erweitert.

Im Mittelpunkt stehen anspruchsvolle Texte aller Art mit motivierenden, handlungsaktiven Aufgaben, die das Verstehen und Erschließen von Texten trainieren und relevante Sprachsituationen für Deutschlernende im Alter von 9–15 Jahren schaffen. Kommunikatives und auch schriftliches Arbeiten sowie eigenständige Recherchen und Aufträge in die deutschsprachige Umwelt bewirken komplexen und nachhaltigen Lernzuwachs.

Schülerinnen und Schüler mit unterschiedlichem Sprachstand in einer Klasse oder einer Kursgruppe können damit individuell ihre Sprachkenntnisse in differenzierenden Verfahren erweitern – auch im gemeinsamen Lernen mit Muttersprachlern. Das Material ist so angelegt, dass die Schülerinnen und Schüler Grammatik funktional erwerben und Grundfertigkeiten im Umgang mit der deutschen Sprache eigenständig üben und verbessern können. Die zahlreichen ansprechenden Aufgaben regen die Lernenden dazu an, den Text zu durchdringen, den Wortschatz zu erweitern und die erworbenen sprachlichen Kompetenzen in kommunikativen Situationen anzuwenden und zu erproben, sowohl thematisch-inhaltlich als auch zur Koordination des gemeinsamen Aufgabenlösens. Sie lernen, neues Wissen auszudrücken und auf ihrem jeweiligen Niveau zu versprachlichen, und erweitern durch unterschiedliche Arbeitsformen ihre Methoden- und Medienkompetenz. Das selbstständige Entdecken von Sprache und die Sprachanwendung werden angeregt. So gelingt individuelles Sprachwachstum wesentlich besser als beim formalen Lernen.

Inhalte und Struktur des Lernprogramms

Lernen und Unterricht sind eng verknüpft mit dem Umgang mit Texten. Die Förderung von Lese- und Verstehenskompetenzen sind ohne Zweifel ein Schlüssel für Sprachwachstum, Bildung sowie beruflicher Ausbildung. Die Erarbeitung von Texten stößt aber in der Praxis vor allem aufgrund der großen Heterogenität in Lerngruppen auf große Probleme.

Durch das vorliegende Konzept kann auf diese Heterogenität und auf die höchst individuellen Unterschiede beim Zugang zu Texten eingegangen werden. Es führt zu erstaunlichen Ergebnissen, weil die Lernenden Kompetenzen im Textverstehen nicht über Belehren und Befragen entwickeln, sondern aufgrund des Erfolgs bei eigenen, entdeckenden Handlungen.

Anders als im herkömmlichen Unterricht wird den Lernenden Literatur nicht mehr primär deskriptiv angeboten und explorierend dialogisch erarbeitet und erläutert, sondern sie erfahren sie in eigenständiger Weise als individuelle Aufgabe, um damit aus ihrer Perspektive und auf ihrem Sprachniveau selbstbestimmt zu agieren und zu interagieren.

Mit diesem lerneraktiven, handlungsorientierten Verfahren gelingt den Lernenden ein motivierter Zugang zur Literatur. Sie nähern sich angstfrei selbst Texten mit hohem Schwierigkeitsgrad.

Hier steht nicht die oft übliche Frage am Anfang: „Welche Wörter kennst du nicht?", die das Augenmerk zuallererst auf das Nichtverstehen gelenkt. „Was hast du verstanden?" ist die Leitfrage, die Lesekompetenzen fördert, positive Lernerfolgserlebnisse weckt und die Lernenden motiviert, mutig auf den Text zuzugehen. Damit wird die Kompetenz geschult, Wesentliches zu verstehen und unbekannte Wörter über den Kontext zu erschließen.

Scheinbar schwierige Texte eignen sich besonders gut für herausforderndes, detektivisches Lesen. Sie sind für alle gleichermaßen eine Hürde und motivieren zum genauen Hinschauen, zum Erkunden neuer Lebenswelten, zum Kennenlernen unbekannter Personen, zum Entschlüsseln ungewöhnlicher Handlungsabläufe und Geschehnisse, zum Diskutieren und zum kreativen Umsetzen.

Das Verstehen wird ermöglicht durch Aufgabenstellungen, die den Lernenden einen individuellen Zugang zum Text eröffnen. Die Möglichkeiten differenzierten Arbeitens, Lesens und Präsentierens beseitigen Barrieren und stoßen die Tür zum Textverstehen auf. Die Herausforderung wird von den

Lernenden angenommen, und selbst ein sehr anspruchsvoller Text wird, auch mit gegenseitiger Unterstützung, immer wieder untersucht und spiralförmig erobert. In dieser Art von Auseinandersetzung mit dem Text erwerben die Lernenden zunehmend mehr Strategien, selbst sehr komplexe Texte zu erfassen.

Weitere Bausteine des Programms

- Eine CD mit gesprochenen Texten trainiert das Hörverstehen und schult die Aussprache der Lernenden.
- Ein Lesekalender, in dem die Lernenden ihre Erfahrungen beim Lesen und Arbeiten notieren und zur Lernreflexion angeregt werden.
- Eine Lesehitliste, in der alle gelesenen Texte noch einmal überdacht und gewertet werden. Die Lernenden kommentieren und begründen die Auswahl.
- Ein Lesekompass, der Lesestrategien vermittelt.

Alle Kriterien der Konzeption tragen dazu bei, dass die Schüler und Schülerinnen den Sprachlernprozess selber aktiv gestalten und die Zunahme ihrer Sprachkompetenzen positiv wahrnehmen. Sie erfahren ihren Spracherwerb als kontinuierliches Erfolgserlebnis und nicht als defizitären Status und finden somit den Schlüssel für erfolgreiches Lernen.

Petra Hölscher

Lernschwerpunkte

Für alle Lernschritte gilt als oberstes Lernziel das Verstehen der Texte und der kommunikative Austausch darüber. Dabei steht im Mittelpunkt die Entwicklung der Intercomprehensionskompetenz der Lernenden, d. h. die Förderung der Fähigkeit, den Sinn zu erfassen, ohne alle Äußerungen bzw. Textinhalte oder Vokabeln zu verstehen.

Erklärung der Zeichen

 Fülle aus!

 Schreibe ins Heft!

 Lies laut!

 Führt ein Gespräch!

 Höre die CD!

 Weitere Aufgaben, Anregungen

So ging es mir beim Lesen und Arbeiten

Mein Lesekalender

Kälteschock im Supermarkt

Datum:

Das war neu für mich	
Schlüsselwörter	
Das habe ich gelernt	
Mein Kommentar zum Text	

Madame Curie I

Datum:

Das war neu für mich	
Schlüsselwörter	
Das habe ich gelernt	
Mein Kommentar zum Text	

Madame Curie II

Datum:

Das war neu für mich	
Schlüsselwörter	
Das habe ich gelernt	
Mein Kommentar zum Text	

Mein Lesekalender

So ging es mir beim Lesen und Arbeiten

Gullivers Reisen

Datum:

Das war neu für mich	
Schlüsselwörter	
Das habe ich gelernt	
Mein Kommentar zum Text	

Der fremde Hof

Datum:

Das war neu für mich	
Schlüsselwörter	
Das habe ich gelernt	
Mein Kommentar zum Text	

Die Buddenbrooks

Datum:

Das war neu für mich	
Schlüsselwörter	
Das habe ich gelernt	
Mein Kommentar zum Text	

So ging es mir beim Lesen und Arbeiten

Mein Lesekalender

Die erste Eisenbahn

Datum:	
Das war neu für mich	
Schlüsselwörter	
Das habe ich gelernt	
Mein Kommentar zum Text	

Er wollte nach London

Datum:	
Das war neu für mich	
Schlüsselwörter	
Das habe ich gelernt	
Mein Kommentar zum Text	

Ein ganzes Dorf stellt sich in den Laden

Datum:	
Das war neu für mich	
Schlüsselwörter	
Das habe ich gelernt	
Mein Kommentar zum Text	

Mein Lesekalender

So ging es mir beim Lesen und Arbeiten

Der Kleine Prinz

Datum:

Das war neu für mich	
Schlüsselwörter	
Das habe ich gelernt	
Mein Kommentar zum Text	

Vielleicht ein Anfang

Datum:

Das war neu für mich	
Schlüsselwörter	
Das habe ich gelernt	
Mein Kommentar zum Text	

Der Buchdruck

Datum:

Das war neu für mich	
Schlüsselwörter	
Das habe ich gelernt	
Mein Kommentar zum Text	

So ging es mir beim Lesen und Arbeiten

Mein Lesekalender

Spinnen	Datum:
Das war neu für mich	
Schlüsselwörter	
Das habe ich gelernt	
Mein Kommentar zum Text	

Schlitten fahren	Datum:
Das war neu für mich	
Schlüsselwörter	
Das habe ich gelernt	
Mein Kommentar zum Text	

Das Tagebuch der Anne Frank	Datum:
Das war neu für mich	
Schlüsselwörter	
Das habe ich gelernt	
Mein Kommentar zum Text	

Mein Lesekalender

So ging es mir beim Lesen und Arbeiten

Der Rauch

Datum:

Das war neu für mich	
Schlüsselwörter	
Das habe ich gelernt	
Mein Kommentar zum Text	

Sitzen geblieben

Datum:

Das war neu für mich	
Schlüsselwörter	
Das habe ich gelernt	
Mein Kommentar zum Text	

Die Geschichte des Ali Kodjah

Datum:

Das war neu für mich	
Schlüsselwörter	
Das habe ich gelernt	
Mein Kommentar zum Text	

Meine Lesehits

Hier kannst du deine Lieblingstexte aus dem Buch eintragen. Gib auch eine kurze Begründung, warum dir der Text gut oder nicht so gut gefallen hat.

Platz	Titel	weil ...
1		
2		
3		
4		
5		
6		
7		
8		
9		
10		
11		
12		
13		
14		
15		
16		
17		

Lesekompass

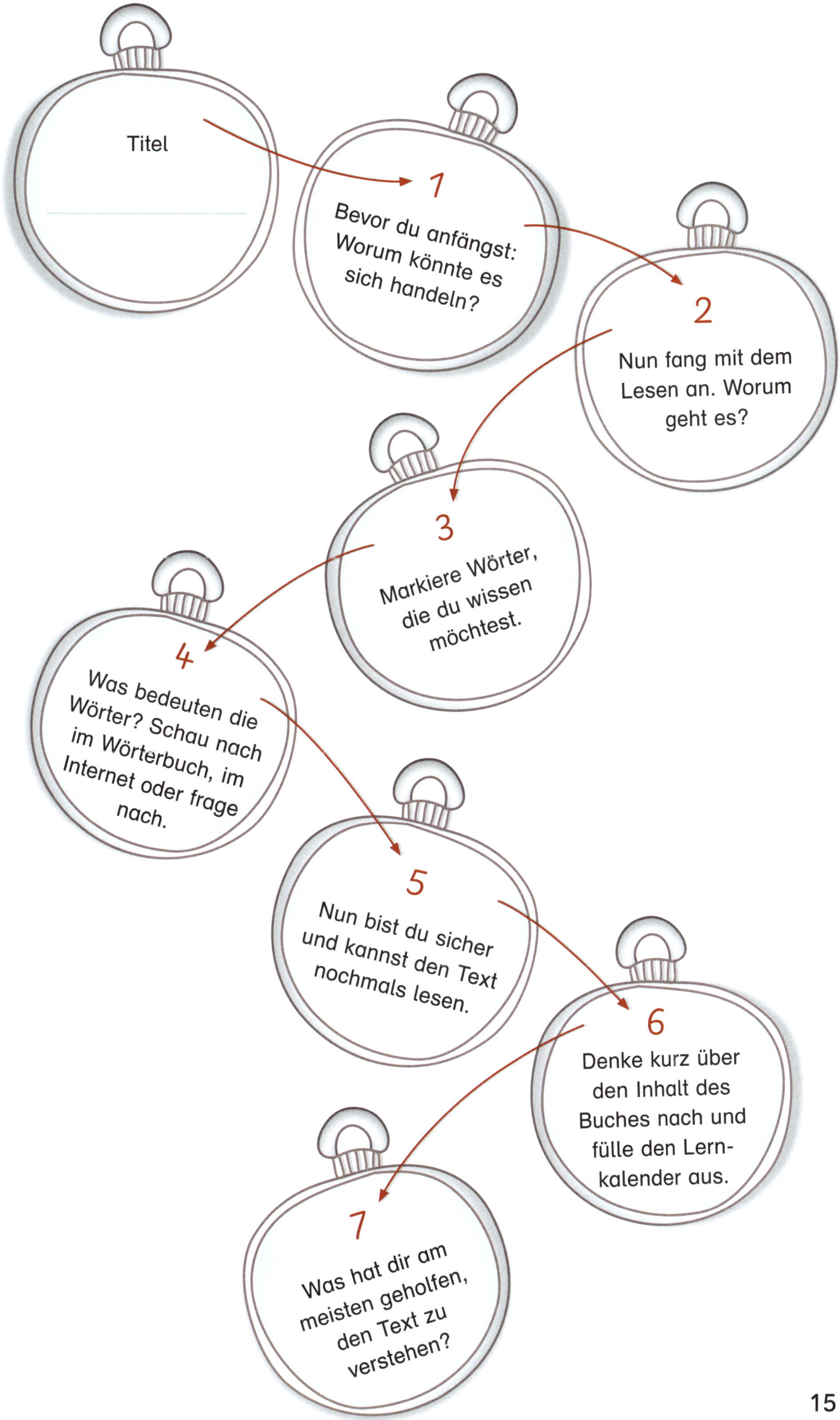

Kälteschock im Supermarkt

Rolf-Wilhelm Brednich

Vor einiger Zeit brach an der Kasse eines Supermarktes eine alte Frau ohnmächtig zusammen.

Die Kunden in der Warteschlange bemühten sich sehr um sie. Der Filialleiter telefonierte hektisch nach dem Rettungswagen.

Es herrschte große Aufregung und alle waren froh, als der Notarzt eintraf.

Der Arzt untersuchte sie. Da rutschte der alten Dame der Hut vom Kopf. Alle staunten. Ein tiefgekühltes Hähnchen kam zum Vorschein.

Für den Arzt war die Ohnmacht damit erklärt, und er gab der Frau noch eine Spritze für den Kreislauf.

Der Filialleiter verzichtete auf eine Anzeige wegen Diebstahls, weil ihm die alte Frau leid tat.

Arbeitsaufgaben

1 **Lies und höre den Text.**
Wie viel hast du schon verstanden? Markiere deinen Standort. X

- ◯ alles
- ◯ viel
- ◯ mittel
- ◯ etwas
- ◯ nichts

2 **Gestalte die Geschichte mit kleinen Zeichnungen.**
Nutze dafür den Platz bei der Geschichte.

3 **Welche fünf Aufgaben aus der Liste unten gefallen dir am besten?**
Mache eine Rangliste.

1. ______________________________
2. ______________________________
3. ______________________________
4. ______________________________
5. ______________________________

4 **Wähle eine der folgenden Aufgabe aus und suche dir einen oder mehrere Partner, die mit dir die Aufgabe lösen wollen.**

1 Übt die Geschichte vorzulesen und tragt sie spannend mit Betonung vor.	**2** Macht einen Bericht zur Geschichte für das Fernsehen.
3 Schreibt in Sprechblasen auf, was die Leute sagen und denken.	**4** Findet etwas über den Autor und seine Bücher heraus.
5 Erstellt ein ABC mit Wörtern aus der Geschichte.	**6** Erfindet Richtig-oder-falsch-Aufgaben und lasst die anderen raten.
7 Spielt die Geschichte mit verteilten Rollen nach.	**8** Verfasst einen Zeitungsbericht.
9 Baut Lügen in die Geschichte ein.	**10** Führt ein Interview mit dem Arzt vor.
11 Der Arzt erzählt im Fernsehen, was er erlebt hat.	**12** Gestaltet ein kleines Wörterbuch mit Wörtern aus der Geschichte.
13 Gestaltet einen Comic zu einer Szene oder zur ganzen Geschichte.	**14** Erfindet ein anderes Ende.

5 **Was hast du gelesen? Kreuze an.**

Buch-auszug	Gedicht	Erzählung	Märchen/ Fabel	Jugend-literatur	Zeitungs-artikel	Sachtext

Mini-Bücher selbst erstellen

Mini-Bücher wurden erfunden von Eugen Notter aus Bern in der Schweiz.
Die Mini-Bücher waren sein Beitrag für eine Ausstellung mit dem Titel „LeseKUNST – LeseLUST“.
Um die Lesefreude zu fördern, hatten die Universitätsbibliothek, die Pädagogische Hochschule und das Zentrum für Lesen diese Ausstellung geplant.
Von Bern aus wanderte die Ausstellung in viele weitere Städte in der Schweiz.
Alle Besucher der Ausstellung konnten am Ende ihre Ideen und Gedanken in einem „minibook“ aufschreiben und so entstand das Mini-Buch.

Faltanleitung Mini-Buch

Du brauchst: ein Blatt Papier in Größe DIN A4 und eine Schere

1. Falte das Blatt der Länge nach in der Mitte. Streife mit Druck auf der Faltkante entlang.

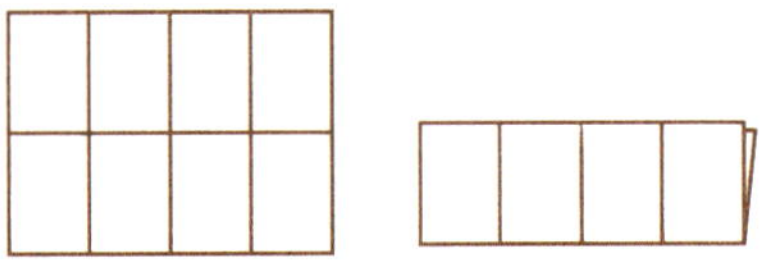

2. Klappe das Blatt wieder auf und falte es nun in der Mitte der Breite nach. Die Faltkante auch wieder mit Druck nachstreifen!

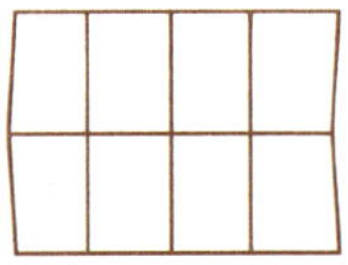

3. Beim erneuten Aufklappen siehst du in der Mitte eine Kreuzform. Das Papier lässt sich schon wie ein Buch mit 2 Seiten auf- und zuklappen. Jetzt wird jede Seite bis zur kurzen Linie zur Mitte hin gefaltet.

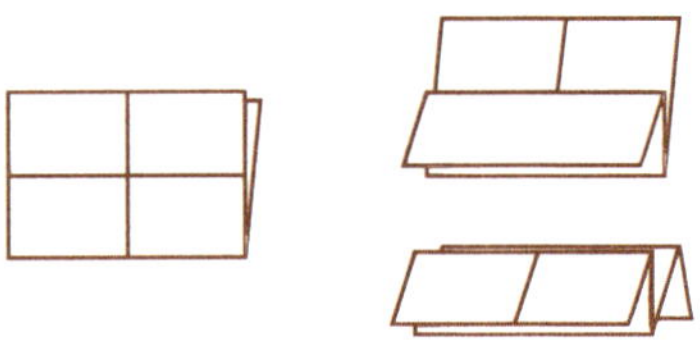

4. Schlage die Seiten wieder ganz auf und lege die beiden Seiten aufeinander. Schneide von der geschlossenen Kante aus auf der Faltlinie bis zur Mitte ein.

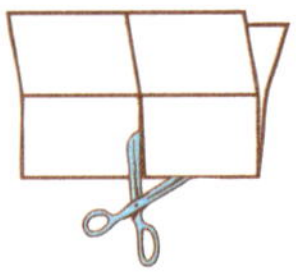

5. Klappe das Blatt dann vollständig wieder auf und falte es erneut längs der Mittellinie und stelle es wie eine Dachform auf. Wenn du die Ecken rechts und links nun mit den Händen gleichzeitig zusammen hältst und sie etwas in die Mitte schiebst, erhältst du oben eine flexible Öffnung.

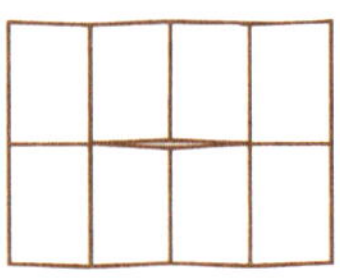

6. Schiebe mit den Händen die beiden Enden zusammen, bis sie in der Mitte aufeinander stoßen. Dadurch ergibt sich eine Sternform mit 4 Seiten.

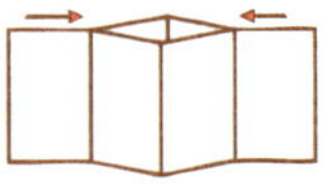

7. Nun werden diese 4 Seiten in der Mitte zu einer Buchform zusammengeklappt und die Faltlinien noch einmal fest nachgefahren. Fertig ist das Mini-Buch!

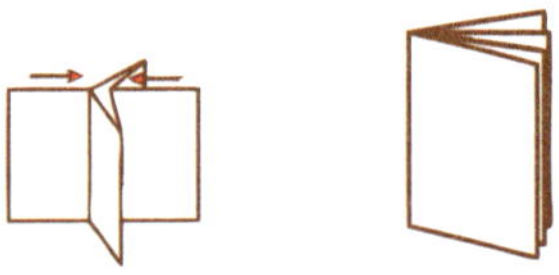

Arbeitsaufgaben

1 **Lies und höre den Text.**
Wie viel hast du schon verstanden? Markiere deinen Standort. ✕

- ◯ alles
- ◯ viel
- ◯ mittel
- ◯ etwas
- ◯ nichts

2 **Schreibe für die farbigen Worte im Text eine Erklärung an den Rand.**

Du stellst das Büchlein nach der Faltanleitung her und gestaltest es nach deinen Ideen mit Text und Zeichnungen. Falls du für deine Arbeit mehr Platz brauchst, kannst du zwei Büchlein ineinander stecken.
Wenn du den anderen dein Büchlein präsentierst und erläuterst, ist es am besten, ihr versammelt euch alle rings um einen Gruppentisch, auf den du dein Büchlein legst. Du blätterst um und erzählst, was du gezeichnet und geschrieben hast.
Dein Büchlein kann auch für jeden Gruppentisch oder sogar für alle kopiert werden. Dann kann es auch Aufgaben für die anderen enthalten, die sie nach deiner Präsentation lösen müssen. Dafür kannst du dir Aufgaben zum Raten, zum Weiterschreiben, Ausmalen oder Fertigstellen ausdenken.
Wenn du große Blätter (DIN A3) nimmst, kannst du auf gleiche Weise ein Maxi-Buch gestalten. Oder du machst ein Leporello. Dazu klebst du Blätter an der kurzen Seite auf der Rückseite zusammen und klappst sie übereinander.
Du kannst auch ein Kästchen für die Minis basteln, in dem ihr alle Büchlein der Klasse sammelt für eine kleine Klassenbibliothek.

3 **Gestalte ein Mini- oder Maxibuch zu einem Thema deiner Wahl, zum Beispiel zu deinem Traumberuf, zu einem Film-, Musik- oder Sportstar, zu deinem Lieblingstier …**

4 **Was hast du gelesen? Kreuze an.**

Buchauszug	Gedicht	Erzählung	Märchen/ Fabel	Jugendliteratur	Zeitungsartikel	Sachtext

Madame Curie I

Marie Skłodowska Curie wurde am 7. November 1867 in Warschau, der heutigen Hauptstadt von Polen geboren. Sie starb am 4. Juli 1934 im französischen Sancellemoz. Sie war Physikerin und Chemikerin. Marie Curie untersuchte die Strahlung von Uran und prägte hierfür das Wort „radioaktiv“.

Gemeinsam mit ihrem Ehemann Pierre Curie entdeckte sie die chemischen Elemente Polonium und Radium. Für ihre Forschungen erhielt sie 1903 den Nobelpreis für Physik und 1911 den Nobelpreis für Chemie. Marie Curie ist bisher die einzige Frau die einen Mehrfach-Nobelpreis bekommen hat. Außer ihr erhielt nur Linus Pauling einen Nobelpreis auf zwei unterschiedlichen wissenschaftlichen Gebieten.

Marie Curie wuchs in der Provinz Weichselland, die damals zu Russland gehörte. Da Frauen dort nicht studieren durften, zog sie nach Paris und begann 1891 ein Studium an der Sorbonne. Sie studierte Physik und Mathematik. 1897 begann sie mit der Erforschung radioaktiver Substanzen. Nach dem Unfalltod ihres Mannes Pierre Curie 1906 übernahm sie seine Kurse an der Universität. Zwei Jahre bekam sie eine eigene Professur für Allgemeine Physik. Sie war damit die erste Professorin an der Sorbonne.

Während des Ersten Weltkrieges widmete sich Marie Curie der Behandlung verwundeter Soldaten. Sie entwickelte einen Röntgenwagen, der radiologische Untersuchungen in unmittelbarer Nähe der Front ermöglichte. Um die Röntgenwagen bedienen zu können, bildete sie Techniker und Krankenschwestern aus. Nach dem Krieg engagierte sie sich für bessere Arbeitsbedingungen von Wissenschaftlern. An dem von ihr geleiteten Pariser Radium-Institut setzte sie sich für die Förderung von weiblichen und ausländischen Studierenden ein.

Arbeitsaufgaben

1 Lies und höre den Text.
Wie viel hast du schon verstanden? Markiere deinen Standort.

- alles
- viel
- mittel
- etwas
- nichts

2 Das Foto zeigt Marie Curie bei ihren Forschungen. Was fällt dir auf? Welche Informationen gibt dir das Bild? Notiere deine Gedanken und auch deine Fragen zu dem Bild.

3 Recherchiere zu einem Begriff aus dem Text, zum Beispiel „Sorbonne“ oder „Nobelpreisträger“. Gestalte eine kleine Präsentation (Powerpoint, Plakat, Minibuch ...). Verwende auch Fotos.

4 Marie Curie war damals eine der wenigen Frauen, die an einer Universität studieren konnten, und die erste Frau, die an der Sorbonne Professorin wurde. Wie siehst du die beruflichen Chancen von Frauen heute?

5 Suche die folgenden Wörter im Text und bringe die Wörter in die richtige Reihenfolge. Nach diesem Wortgeländer kannst du gut über Marie Curie erzählen.

Frankreich | *Polen* | *Pierre Curie* | *Nobelpreis für Physik*
studieren | *Strahlung von Uran* | *verwundete Soldaten*
radioaktiv | *Engagement für ...* | *Professorin*

6 Formuliere für ein kleines Quiz Fragen zum Text. Zum Beispiel: „In welcher Stadt wurde Madame Curie geboren?“ Befrage deine Mitschüler.

7 Was haben wohl die Eltern gesagt, als Marie zum Studieren nach Frankreich wollte? Schreibt Sprechblasen für Vater und Mutter auf.

8 Was hast du gelesen? Kreuze an.

Buch-auszug	Gedicht	Erzählung	Märchen/ Fabel	Jugend-literatur	Zeitungs-artikel	Sachtext

Aus dem Leben von Marie Curie

Eve, die Tochter von Marie Curie, hat ein Buch über ihre Mutter geschrieben.
Hier beschreibt sie, wie Marie Curie als junge Frau in Paris lebte:

„Später wird das junge Mädchen auf der Suche nach vollkommener Ruhe eine Mansarde in einem bürgerlichen Hause mieten, die wie ein Dienerzimmer aussieht. Für 15 oder 20 Francs monatlich kann man ein winziges Kämmerchen haben, welches das Licht durch eine Luke empfängt, die direkt auf das abschüssige Dach schaut. Durch dieses ‚Fledermausfenster' erblickt man ein Stückchen Himmel. Weder Heizung noch Licht, auch kein Wasser.

Marie möbliert dieses Zimmer mit allen Gegenständen, die sie besitzt: ein eisernes Klappbett, die Matratze, die sie aus Polen mitgebracht hat. Ein Ofen, ein weißer Holztisch, ein Küchenstuhl, ein Waschbecken. Eine Petroleumlampe, die von einem billigen Papierschirm bedeckt ist. Eine Kanne, die man an der Wasserleitung im Treppenhaus füllen muss. Ein Schnellsieder, der die Größe einer Untertasse hat und während der kommenden drei Jahre genügen wird, um die Mahlzeiten zu bereiten. Zwei Teller, ein Besteck, eine Tasse, eine Kasserolle.
[...]
Marie lässt nicht gelten, dass ihr kalt sei, dass sie hungrig sein könnte. Um nicht wieder Kohlen kaufen zu müssen – und auch aus Zerstreutheit –, unterlässt sie es, den Ofen zu heizen, und sie schreibt Ziffern, Gleichungen, ohne zu bemerken, dass ihre Finger klamm werden, dass sie fröstelt. Eine warme Suppe, ein Stück Fleisch würden sie stärken. Aber Marie kann keine Suppe kochen! Marie kann keinen Franc ausgeben und eine halbe Stunde verlieren, um ein Schnitzel zuzubereiten!"

Arbeitsaufgaben

1 **Lies und höre die Erzählung.**
Wie viel hast du schon verstanden? Markiere deinen Standort. ✕

○ alles
○ viel
○ mittel
○ etwas
○ nichts

2 **Beschrifte die Gegenstände, die Marie Curie besitzt.**

 *ein eisernes Klappbett* ____________

 ____________

 ____________

 ____________

 ____________

 ____________

3 **Was ist richtig? Kreuze an.**

○ Marie lebt als junge Frau in Warschau.
○ Sie lebt als junge Frau in Paris.
○ Sie lebt als junge Frau in Krakau.

○ Sie hat fließendes Wasser im Zimmer.
○ Sie hat kein fließendes Wasser.
○ Sie hat fließendes Wasser im Bad.

○ Die Möbel in ihrem Zimmer sind neu.
○ Die Möbel in ihrem Zimmer sind hübsch.
○ Die Möbel in ihrem Zimmer sind ärmlich.

○ Marie wohnt unter dem Dach.
○ Marie wohnt im Hinterhof.
○ Marie wohnt im Keller.

○ Sie kann kein Schnitzel braten.
○ Sie hat keine Zeit zum Kochen.
○ Sie brät nur sonntags ein Schnitzel.

4 **Was denkst du: Was war wohl für Marie Curie wichtiger als alles andere in ihrem Leben? Wie findest du das? Kannst du das verstehen?**

____

____

____

5 **Was hast du gelesen? Kreuze an.**

Buch-auszug	Gedicht	Erzählung	Märchen/ Fabel	Jugend-literatur	Zeitungs-artikel	Sachtext

Gullivers Reisen

Erich Kästner

Der Schiffsarzt Gulliver erzählt:
„… am 5. November lief das Schiff bei Nacht und Nebel auf ein Riff. Die ‚Antilope' zerbrach und versank. … Auch unser Rettungsboot kenterte. … Da, mit einem Mal, fühlte ich Grund unter den Füßen! … Nun fürs erste war ich gerettet! Ich ließ mich ins Gras sinken und schlief ein. Als ich am nächsten Morgen erwachte, schien mir die Sonne so grell ins Gesicht, dass ich mich umdrehen wollte.
Doch ich konnte mich nicht umdrehen! Nun wollte ich die Hände vors Gesicht legen. Aber die Hände rührten sich nicht! Dann wollte ich mich aufsetzen.
Es misslang! Ich wollte den Kopf heben. Auch das war unmöglich! Ich konnte ihn nicht einmal zur Seite drehen, so sehr riss es mich an den Haaren. Erschöpft und von der Sonne geblendet, schloss ich die Augen. Noch einmal versuchte ich, jetzt blitzwach und mit aller Kraft, mich zu setzen, zu drehen und zu wenden. Es war alles vergeblich. Bei der leisesten Bewegung taten mir die Haut und die Haare, die Knochen und Gelenke so abscheulich weh, dass ich in einem fort ‚Oh!' und ‚Aua!' rief.
Ich war gefesselt. Doch wer, um alles in der Welt, hatte das Kunststück fertiggebracht, ohne dass ich aufgewacht war? …
Während ich so dalag und hilflos in den blauen Himmel starrte, spürte ich, wie irgendetwas meine Hosenbeine heraufkrabbelte und sich vielfüßig auf mir fortbewegte. Waren es Ameisen? Oder Spinnen? Waren sie giftig? Dachten sie, ich sei tot?
Als sich das verdächtige Gekrabbel meiner Brust näherte, hob ich mit einem energischen Ruck, der mir sehr weh tat, den Kopf um ein paar Zentimeter, blickte auf meine Weste, schrie auf und ließ den Kopf wieder ins Gras fallen.
Das war doch nicht möglich! Wisst ihr, was ich gesehen hatte? Mindestens vierzig Menschen, keiner größer als mein kleinster Fingernagel! Alle miteinander auf meiner Brust! …
Erst nach Monaten, als ich die Landessprache verstand, erfuhr ich, dass ihr Land Liliput heiße und ein Kaiserreich sei. …"

Arbeitsaufgaben

1 Lies und höre den Text.
Wie viel hast du schon verstanden? Markiere deinen Standort. ✕

- ◯ alles
- ◯ viel
- ◯ mittel
- ◯ etwas
- ◯ nichts

2 Was entdeckst du auf dem Bild?

3 Erstelle mit einem Partner ein Gulliver-ABC.
Beispiel: A = Arzt, B = Boot usw.

4 Nenne einige Wörter, die für dich neu waren. Schreibe auf, wie sie in deiner Sprache heißen oder erkläre sie.

Weste = *eine Jacke ohne Ärmel*

=

=

=

=

=

5 Was hat Gulliver gesehen? Streiche die Wörter durch, die nicht passen. Vergleiche mit dem Text.

Schiff Nebel Palme Gras Sonne Fingernagel Telefon
Kopf Haare Uhr Fesseln Hosenbeine Krokodil

Arbeitsaufgaben

6 **Ergänze die Wörter.**

das Sch______

die S______

das ______

die P______

die H______

die F______

das K______

der Fi______

der N______

das G______

die H______

die U______

7 **Finde zu dem Bild einen oder einige passende Sätze im Text und schreibe sie auf.**

8 **Gulliver ist gefesselt. Welche Fragen gehen ihm durch den Kopf? Schreibe ein paar Gedanken in die Denkblasen.**

Warum kann ich mich nicht bewegen?

Wo bin ich?

Arbeitsaufgaben

9 **Gulliver schreibt eine Flaschenpost. Leider kann man nicht mehr alles lesen. Mach die fehlenden Stellen wieder sichtbar.**

Am 5. Nov   lief unser Schiff bei N   bel auf ein   ff.
Ich konnte mich an Land r   tt   und schl   f ein.
Als ich erwach   , lag ich hilfl   und gef   ss   im Gras.
Winzige M   en kra   elten auf m   st.
Ich bin im Land L   p   gestr   .

10 **Gulliver liegt hilflos, erschöpft und gefesselt in der blendenden Sonne. Was könnte er jetzt am besten gebrauchen? Wähle aus und schreibe eine Liste.**

11 **Du darfst auf eine einsame Insel nur drei Dinge mitnehmen. Schreibe auf, welche du unbedingt mitnehmen würdest.**

1. ______________________
2. ______________________
3. ______________________

12 **Wie kann die Geschichte weitergehen? Gestalte ein Mini-Buch.**

13 **Erich Kästner hat diese Geschichte in moderner Sprache nacherzählt. Finde im Internet heraus, wer das Buch mit dem Titel „Gullivers Reisen" im Original geschrieben hat.**

14 **Was hast du gelesen? Kreuze an.**

Buch-auszug	Gedicht	Erzählung	Märchen/ Fabel	Jugend-literatur	Zeitungs-artikel	Sachtext

kleine auswahl

orangen und
bananen und
äpfel und
birnen und
zitronen und
pampelmusen
und

Ernst Jandl

1 Lies und höre das Gedicht.
Wie viel hast du schon verstanden? Markiere deinen Standort. ✗

- alles
- viel
- mittel
- etwas
- nichts

2 Schreibe selbst ein ähnliches Gedicht mit anderem Obst oder Gemüse.

3 Mia kann noch nicht richtig schreiben. Sie hat ihr Gedicht gemalt.
Schreibe den Text daneben.

Kleine Auswahl

Maus

4 Lea hat ein Gedicht angefangen.
Kannst du es fertig schreiben?

lachen und
spielen und
tanzen und

Arbeitsaufgaben

5 **Schreibe ein ähnliches Gedicht nach diesem Bauplan aus einem anderen Bereich (Autos, Blumen, Getränke, Schule, Sport, Freizeit ...).**

6 **Einige Schriftsteller haben ihre „zehn wichtigsten Wörter“ aufgeschrieben. Wie heißen deine?**

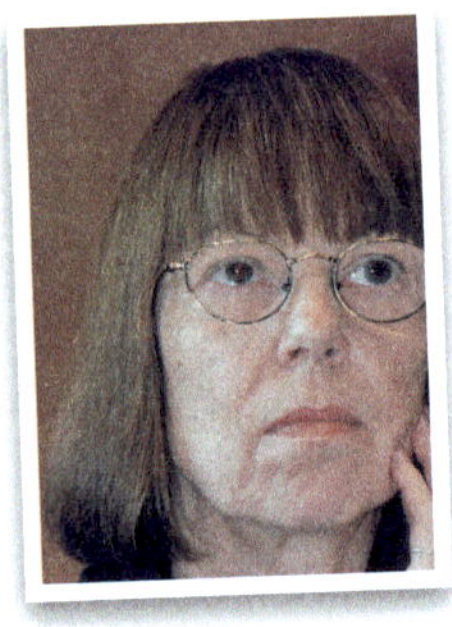

Sarah Kirsch

Planet
Schnee
Licht
Meer
Wind
Lachen
Närrisch
Bäume
Krähen
Rot

Martin Walser

gehen
spüren
schauen
verbergen
Hochzeit
Morgengrauen
Einsamkeit
Liebespaar
Schaumkrone
Wahnsinn

Meine Lieblingswörter:

7 **Frage auch andere Menschen nach ihren bevorzugten Wörtern. Schreibe sie auf! Erfährst du aus diesen Wörtern etwas über die Menschen?**

8 **Was hast du gelesen? Kreuze an.**

Buch-auszug	*Gedicht*	*Erzählung*	*Märchen/ Fabel*	*Jugend-literatur*	*Zeitungs-artikel*	*Sachtext*

Stefanie sitzt auf dem Boden. Mit dem Rücken lehnt sie an der Hauswand. Sie betrachtet den Hof. Er ist ziemlich groß und ziemlich schattig. Nur an manchen Stellen wirft die Sonne breite Streifen auf den Boden. Und die oberen Stockwerke des Hauses gegenüber liegen in der Sonne. Vier Häuserblocks rahmen den Hof ein. In der Mitte ist eine Rasenfläche, auf der fünf mickrige Bäume stehen.

Bei uns daheim sind die Bäume größer und grüner, denkt Stefanie. Und bei uns gibt es richtiges Gras, nicht so ein Dorrzeug da. Für Stefanie hat ein Rasen grün zu sein, nicht graubraun-grün. Eine Wiese eben. Auf einer Wiese wachsen Gänseblümchen und Löwenzahn. Ab und zu sogar Schlüsselblumen und Margeriten. Manche Wiesen sind eingezäunt, weil Kühe darauf weiden.

Stefanie kratzt sich am Knie und bohrt in der Nase. Aus der Wohnung über ihr klingt Radiomusik. In einer anderen Wohnung schimpft jemand laut. Und draußen auf der Straße fahren Busse, Autos und Motorräder. Stefanie kann es bis hierher auf den Hof hören.

Bei uns daheim ist es auch ruhiger, denkt sie. Da hört man vielleicht mal, wenn der Stieglmeier mit seinem Traktor vorbeifährt. Oder wenn die Auer Mari ihren Otto ruft. Und die Kirchenglocken und die Vögel. Und die Schweine, wenn sie Hunger haben.

Plötzlich fällt Stefanie wieder ein, dass sie jetzt hier daheim ist. Seit genau vier Tagen. Und seit zwei Tagen sitzt sie jeden Tag eine Zeit lang hier im Hof und schaut den Kindern beim Spielen zu. Vorher hat es nämlich geregnet, da musste sie nicht raus. Sie sitzt und wartet, dass die Kinder zu ihr kommen. So wie sie damals gleich zu Hannes gegangen sind, als er das erste Mal im Dorf war.

Hannes kam aus der Stadt und besuchte in den Ferien seine Tante und seinen Onkel. Vom ersten Tag an haben alle Kinder mit Hannes gespielt. Hannes ist nie allein gewesen.

Stefanie reibt sich verstohlen über die Augen. Allein ist ein schlimmes Wort. So schlimm, dass man es lieber nicht einmal in Gedanken sagt.

Ein paar Kinder spielen Abwerfen. Das hat Stefanie daheim auch oft gespielt. Mit Daniela und Anna und Eddi.

Stefanie wischt sich eine Ameise vom Bein. Also Ameisen gibt es hier auch, denkt sie. Und sie erinnert sich, wie Anna einmal in einen Ameisenhaufen gefallen ist. Anna ist ihre beste Freundin gewesen. Oder sie ist es immer noch, von weitem eben. Aber was nützt einem schon eine beste Freundin von weitem?

Die Radiomusik über Stefanies Kopf hört auf, jetzt kommen Nachrichten. In einer anderen Wohnung plärrt ein Baby.

Der Junge, der gerade den Ball wirft, sieht ein bisschen aus wie Eddi, denkt Stefanie.

Das Babygeschrei wird lauter, bricht dann plötzlich ab.

Stefanie steht auf. Sie ist es leid, sie will nicht mehr warten. Entschlossen geht sie auf den Jungen zu, der ein bisschen so aussieht wie Eddi.

„Darf ich mitspielen?“, fragt sie.

Aus der Nähe ist das Gras doch richtiges Gras, nicht nur graubraun-grünes Dorrzeug. Und so mickrig sind die Bäume auch nicht. In der Stadt muss man froh sein, wenn man überhaupt ein paar Bäume hat.

Arbeitsaufgaben

1 Lies und höre die Geschichte.
Wie viel hast du schon verstanden? Markiere deinen Standort. ✕

- ◯ alles
- ◯ viel
- ◯ mittel
- ◯ etwas
- ◯ nichts

2 Stefanie sitzt auf dem Boden. Mit dem Rücken lehnt sie an der Hauswand.
Verschiedene Gedanken gehen ihr durch den Kopf.
Schreibe einen oder zwei ganz wichtige Gedanken auf!

3 In der Geschichte kommen viele Ortsangaben vor. Sie geben Antwort auf die Fragen Wo? Wohin? Woher? und Wie weit? Unterstreiche sie mit Farbe.

4 Zeichne eine Tabelle in dein Heft und trage die Ortsangaben des Textes ein.

Wo?	Wohin?	Woher?	Wie weit?
auf dem Boden			

5 Suche selbst noch weitere Möglichkeiten oder wähle aus dem Kasten passende Ortsangaben aus und verändere damit den Text der Geschichte. Schreibe deine Geschichte in der veränderten Form auf.

auf der Wiese · *am Haus* · *auf die Straße* · *darauf*
am Knie · *im Ohr* · *im anderen Haus* · *auf dem Platz*

Beispiel: *Stefanie sitzt auf der Wiese.*

6 Wenn du die Geschichte richtig verstanden hast, wirst du einige der folgenden Wörter auf keinen Fall verwenden. Streiche sie durch.

im Wald · *unter Wasser* · *auf dem Mond* · *in die Wüste*
über dem Nordpol · *hinter dem Haus* · *im Hof* · *im Keller*
im Urwald · *über den Wolken* · *beim Nachbarn*

Arbeitsaufgaben

7 Aus der Geschichte kann ein Hörspiel werden. Auf der CD sind Geräusche zu hören, die zu der Geschichte passen.

a) Hör dir zunächst alle Geräusche zum Text „Der fremde Hof“ an.
b) Beginne nun erneut, aber drücke nach jedem Geräusch auf die Stopp-Taste deines CD-Players.
c) Markiere im Text die Stellen, an denen die Geräusche am besten passen würden, mit einem Zeichen (∗)
d) Lies dann die ganze Geschichte vor und lass an den passenden Stellen den CD-Player laufen.

8 Wo hat Stefanie vorher gewohnt? Markiere im Text alle Stellen, die uns über ihren früheren Wohnort informieren. In der Tabelle haben sich wichtige Informationen über Stefanies früheren Wohnort versteckt. Welche Informationen sind richtig und welche falsch? Kreuze an.

	richtig	falsch
Die Bäume sind größer und grüner.		
Auf der Wiese wachsen Stachelbeersträucher		
Die Kühe weiden auf eingezäunten Wiesen.		
Der Traktor ist manchmal zu hören.		
Auer Mari ruft ihren Josef.		
Man kann Kirchenglocken und Vögel hören.		
Die Schweine haben nie Hunger.		
Im Dorf war Hannes immer allein.		
Hannes besuchte an Wochenenden seine Tante.		
Stefanie ist damals gleich zu Hannes gegangen.		

9 Stefanie telefoniert mit einer Freundin und erklärt ihr, warum sie jetzt nicht mehr im Dorf wohnt.

Ich möchte in der Stadt leben, weil ______________________

____

Ich möchte im Dorf leben, weil ______________________

____

10 Was hast du gelesen? Kreuze an.

Buch-auszug	*Gedicht*	*Erzählung*	*Märchen/ Fabel*	*Jugend-literatur*	*Zeitungs-artikel*	*Sachtext*

Ein Rechteck zeichnen

Elias soll ein Rechteck mit den Seitenlängen 7 cm und 11 cm zeichnen.
Er sitzt vor einem Bogen Papier und zeichnet, radiert und zeichnet wieder.
Da kommt sein Freund Max.

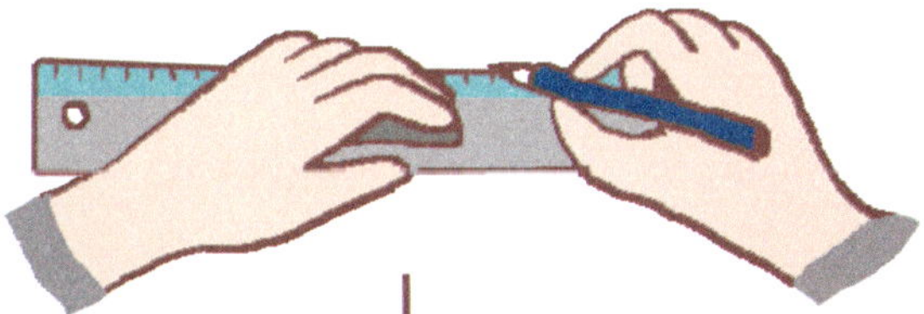

„Du musst mir helfen“, sagt Elias.
Max nimmt das Lineal und einen Bleistift.
Er zieht eine Gerade.
Dann nimmt er das Geodreieck
und zieht eine Senkrechte
zur Geraden.
Der Winkel beträgt 90°.

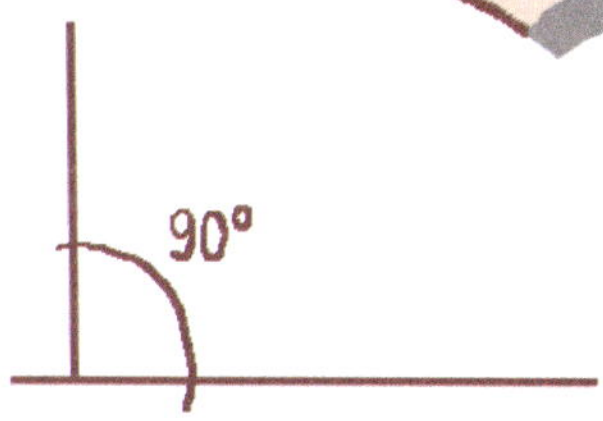

Nun misst er die Länge
und die Breite ab.

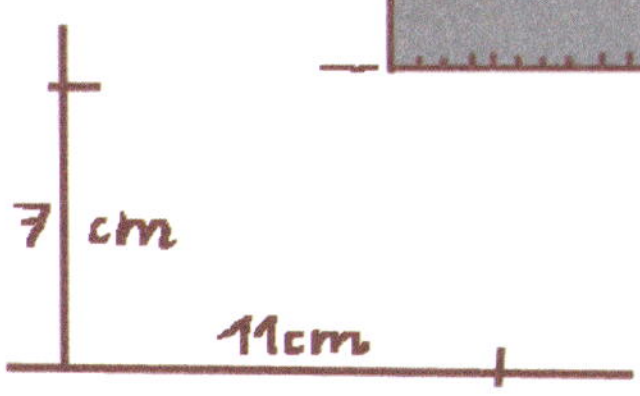

Er nimmt den Zirkel und überträgt die Maße.

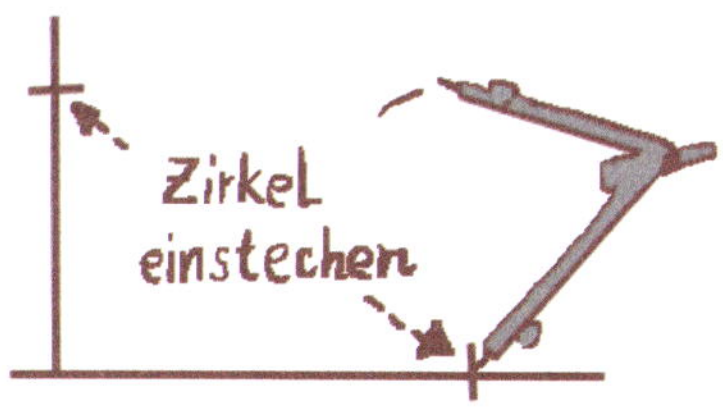

Parallel zieht er noch einmal Linien von 7 cm und 11 cm.
So bekommt Max ein Rechteck.
Die Winkel des Rechtecks sind gleich,
die jeweils gegenüberliegenden Seiten
sind auch gleich.

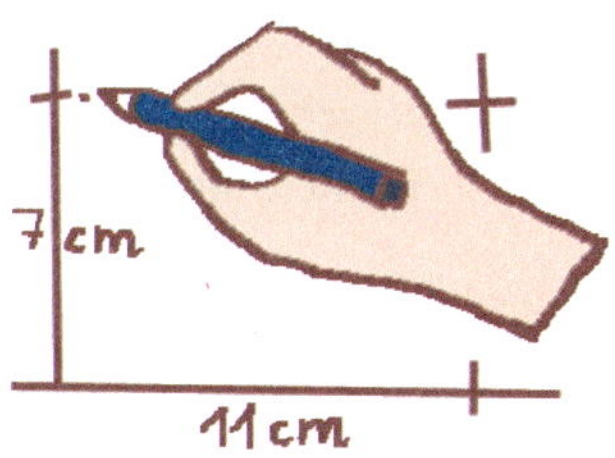

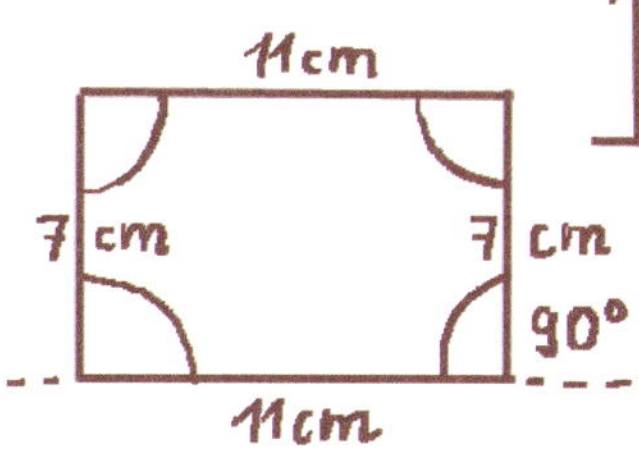

Arbeitsaufgaben

1 **Lies den Text.**
Wie viel hast du schon verstanden? Markiere deinen Standort. X

- alles
- viel
- mittel
- etwas
- nichts

2 **Ein Rechteck ist eine geometrische Form. Geometrie heißt ursprünglich das „Land vermessen“. Es geht darum Pläne, Linien und Formen zu zeichnen. Schreibe die Namen zu den Dingen!**

der Bleistift *das Lineal* *der Bleistiftspitzer* *der Zirkel*
der Radiergummi *der Zirkelsatz* *das Papier* *das Geodreieck*

 *der Zirkel*

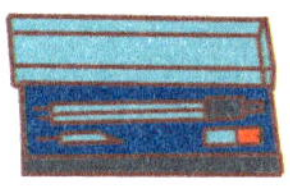

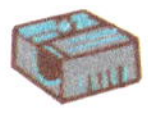

3 **Elias soll ein Rechteck zeichnen. Was liegt auf dem Tisch? Welche Geräte braucht er? Ergänze die Tabelle:**

da liegt	**Er braucht**
der Bogen Papier	*einen Bogen Papier*
das Lineal	*ein Lineal*
der Zirkelsatz	
der Zirkel	
das Geodreieck	
der Bleistift	
der Bleistiftspitzer	
der Radiergummi	

4 **Zeichnen nach Anleitung: Was kommt raus?**

Ziehe mit dem Lineal eine Linie von mindestens 7 cm Länge.
Markiere in der Mitte einen Punkt und sowohl rechts als auch links davon im Abstand von 3 cm noch einen Punkt.
Nimm dein Geodreieck und ziehe durch den Mittelpunkt auf der Geraden eine Senkrechte.
Markiere auf der Senkrechten nach 3 cm einen Punkt.
Verbinde alle Punkte. Welche Form hast du erhalten?

Antwort: Es ist ein ____________________.

Arbeitsaufgaben

6 **Geometrischer „Formenknacker“**
Lies die Aussagen in der linken Spalte sorgfältig durch.
Kreuze richtig an.

Die Form hat	Quadrat	Kreis	Sechseck	Raute	Rechteck	Dreieck
keine Ecken						
vier Ecken						
mehr als vier Ecken						
weniger als vier Ecken						
unterschiedlich lange Seiten						
nur gleich lange Seiten						
zwei lange und zwei kurze Seiten						

7 **Geometrie ist überall.** Welche Dinge haben geometrische Formen?

- **Im Klassenzimmer:** ______________________
- **In deiner Wohnung:** ______________________
- **Auf dem Schulweg:** ______________________

Erkennst du die Form? Trage die Wörter passend in die Tabelle ein.

der Drachen | die Uhr | die Türe | die Pizza | das Stoppschild | Verkehrsschild „Achtung Vorfahrt“ | die Steckdose | die Schokoladentafel | das Fenster | die Tischplatte | das Handy | die Torte | das Kopftuch | das Geodreieck | eine Würfelfläche | die Pfeilspitze

Quadrat quadratisch	Kreis rund	Sechseck sechseckig	Raute rautenförmig	Rechteck rechteckig	Dreieck dreieckig

8 **Mit Formen spielen**
Der russische Künstler El Lissitzky gestaltet mit geometrischen Formen Bilder. Das kannst auch du versuchen.
Schneide dir aus Tonpapier (z. B. rot, schwarz, weiß) unterschiedliche und verschieden große Formen aus wie Kreise, Quadrate, Rechtecke …
Platziere sie auf einem weißen Papier als Untergrund. Probiere verschiedene Zusammensetzungen aus. Was dir am besten gefällt, klebst du auf ein weißes Papier auf. Zeige dein „geometrisches Kunststück“ anderen und hänge es auf.

Der weltberühmte Roman „Buddenbrooks“ erschien 1901. Thomas Mann schildert darin das Leben und den Verfall einer reichen deutschen Familie in der Zeit von 1835 bis 1877. Der Autor erhielt für diesen Roman 1929 den Nobelpreis. Du kannst die Verfilmung des Buches auf YouTube anschauen. In diesem Auszug soll Johann, auch Hanno genannt, seinem Vater ein Gedicht aufsagen:

Der kleine Johann musste auch während den Ferien – denn im Juli waren Sommerferien – Privatunterricht im Rechnen nehmen, um in diesem Fache mit seiner Klasse Schritt halten zu können. Irgendwo in der Vorstadt Sankt Gertrud, in einer heißen Stube, in der es nicht zum Besten roch, erwartete ihn ein Mann mit rotem Bart und unreinlichen Fingernägeln, um mit ihm dies verzweifelte Einmaleins zu exerzieren. [...]
Zuvor aber galt es, dem Papa das Gedicht aufzusagen, das Gedicht, das er mit Ida auf dem Altan in der ersten Etage sorgfältig erlernt hatte. ...
„Das ist der Tag des Herrn“, sagte er ganz leise, und desto stärker klang die Stimme seines Vaters, die ihn unterbrach: „Einen Vortrag beginnt man mit einer Verbeugung, mein Sohn! Und dann viel lauter. Noch einmal, bitte! Schäfers Sonntagslied ...“
Das war grausam, und der Senator wusste wohl, dass er dem Kinde damit den letzten Rest von Haltung und Widerstandskraft raubte. Aber der Junge sollte ihn sich nicht rauben lassen! Er sollte sich nicht beirren lassen! Er sollte Festigkeit und Männlichkeit gewinnen ...
„Schäfers Sonntagslied ...“ wiederholte er unerbittlich und aufmunternd ...
Aber mit Hanno war es zu Ende. Sein Kopf hing tief auf der Brust, und seine kleine Rechte, die blass und mit bläulichen Pulsadern aus dem unten ganz engen, dunkelblauen, mit einem Anker bestickten Matrosenärmel hervorsah, zerrte krampfhaft an dem Brokatstoff der Portiere. „Ich bin allein auf weiter Flur“, sagte er noch, und dann war es endgültig aus. Die Stimmung des Verses ging mit ihm durch. Ein überwältigendes Mitleid mit sich selbst machte, dass die Stimme ihm ganz und gar versagte und dass die Tränen unwiderstehlich unter den Lidern hervorquollen.

Privatunterricht: Nachhilfe
unreinlichen: nicht sauber
Altan: eine Art Balkon
Pulsadern: die größte Ader am Handgelenk
Portiere: wertvoller Stoff des Vorhangs vor der Türe

Thomas Mann (1875–1955) an seinem Schreibtisch.

Eine Sehnsucht nach gewissen Nächten überkam ihn plötzlich, in denen er, ein wenig krank, mit Halsschmerzen und leichtem Fieber im Bette lag und Ida kam, um ihm zu trinken zu geben und liebevoll eine neue Kompresse auf seine Stirn zu legen … Er beugte sich seitwärts, legte den Kopf auf die Hand, mit der er sich an der Portiere hielt, und schluchzte.

feuchter Umschlag

„Nun, das ist kein Vergnügen!“ sagte der Senator hart und gereizt und stand auf. „Worüber weinst du? Weinen könnte man darüber, dass du selbst an einem Tage wie heute nicht genug Energie aufbringen kannst, um mir eine Freude zu machen. Bist du denn ein kleines Mädchen? Was soll aus dir werden, wenn du so fortfährst? Gedenkst du dich später immer in Tränen zu baden, wenn du zu den Leuten sprechen sollst? ...“

eine wichtige Person in der Stadt

Nie, dachte Hanno verzweifelt, nie werde ich zu den Leuten sprechen!

„Überlege dir die Sache bis heute Nachmittag“ schloss der Senator; und während Ida Jungmann bei ihrem Pflegling kniete, ihm die Augen trocknete und halb vorwurfsvoll, halb zärtlich tröstend auf ihn einsprach, ging er ins Esszimmer hinüber.

beendet seine Rede

ein Kind, das von jemanden betreut wird

Arbeitsaufgaben

1 **Lies und höre den Text.**
Wie viel hast du schon verstanden? Markiere deinen Standort. ╳

- alles
- viel
- mittel
- etwas
- nichts

2 **Du kannst bei Wikipedia unter dem Eintrag „Buddenbrooks“ interessantes über diesen Roman erfahren, sogar, was alles im Esszimmer serviert wurde. Schreibe einige Speisen auf, die dir gefallen würden und die du nicht gerne essen würdest.**

Das würde ich gerne essen	Das möchte ich nicht essen

3 **Verfasse einen Steckbrief zu Johann, der Hauptperson.**

Name:

Kosename:

Beruf:

Lieblingsberuf:

Wohnort:

Aussehen:

Besondere Eigenschaften:

4 **Was denkt Hanno. Schreibe einige seiner Gedanken in die Denkblasen.**

Arbeitsaufgaben

5 **Wie geht es wohl weiter? Was wird wohl aus Hanno? Notiere deine Vermutungen**

6 **Ergänze im Cluster einige Wörter, die zum Vater von Hanno passen.**

Der Senator

7 **Was tut Ida alles für Hanno? Suche und unterstreiche die Stellen im Text, die von Ida erzählen. Wie verhält sich Ida Hanno gegenüber? Kreuze an, was du richtig findest.**

- ◯ wie eine Freundin
- ◯ wie eine Lehrerin
- ◯ wie eine Krankenschwester
- ◯ wie ein Kindermädchen
- ◯ wie eine Mutter

Begründe deine Meinung mit einigen Sätzen.

8 **Gestalte ein Poster zum Text. Du kannst Bilder dazu zeichnen und mit Wörtern oder Sätzen ergänzen. Stelle die Personen aus dem Text bildlich dar und schreibe Sprechblasen dazu. Hänge das Plakat auf und zeige es anderen.**

9 **Was hast du gelesen? Kreuze an.**

Buch-auszug	*Gedicht*	*Erzählung*	*Märchen/ Fabel*	*Jugend-literatur*	*Zeitungs-artikel*	*Sachtext*

Zwischen zwei Welten

Welche Probleme haben muslimische Mädchen mit Migrationshintergrund in der Bundesrepublik?

Ich beziehe dieses „fremdes Mädchen" auf mich.
Auf mich, Semra, Staatsangehörigkeit: Türkin. Ich fühle mich hier in Deutschland durchaus nicht als Fremde, aber die Erziehung meiner Eltern gibt mir das Gefühl, dass ich eine Fremde sein muss.
„Du bist kein deutsches Mädchen, das in die Disco geht," „Du bist kein deutsches Mädchen das einen Freund haben darf." Diese und ähnliche Sätze höre ich immer wieder. Ich ziehe mich an wie eine Deutsche, ich spreche ohne Akzent wie eine Deutsche und habe Freunde wie eine Deutsche. Aber der Widerstand meiner Eltern gegen das Deutschsein lässt mich zwischen zwei Welten leben. Draußen deutsch, in der Familie türkisch. Ich werde immer wieder hin- und hergerissen.
Wie ich noch klein war, haben mir die deutschen Kinder derart fremdenfeindliche Wörter gesagt, dass ich weinend nach Hause kam. Aber jetzt habe ich mehr Selbstbewusstsein. Ich suche mir selbst aus, wo ich hingehören möchte. Meinen Eltern kann ich nicht sagen, was ich denke. Sie können mich nicht verstehen und erwarten von mir, dass ich bei einer Rückkehr in die Türkei mit ihnen gehe. Aber das kann ich nicht, weil ich das Land nicht als meine Heimat ansehe. Der Riss geht mitten durch mich hindurch.

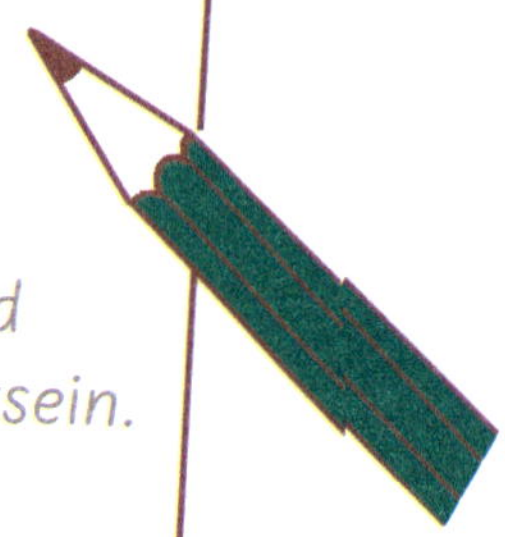

Einige Erklärungen:

ohne Akzent:	*ohne falsche Aussprache, mit richtiger Betonung*
der Widerstand gegen das Deutschsein:	*die Eltern wollen nicht, dass Semra wie eine Deutsche lebt*
fremdenfeindliche Wörter:	*Wörter, die Fremde verletzen*
mehr Selbstbewusstsein:	*mehr Sicherheit*
der Riss:	*der Sprung, die Spalte*
der Riss geht mitten durch mich hindurch:	*ich bin in zwei Hälften geteilt*

Arbeitsaufgaben

1 **Lies und höre den Text.**
Wie viel hast du schon verstanden? Markiere deinen Standort. ☓

- ◯ alles
- ◯ viel
- ◯ mittel
- ◯ etwas
- ◯ nichts

2 **Lies den Text noch einmal durch und notiere:**

Semra als muslimisches Mädchen mit Migrationshintergrund:	Semra als deutsches Mädchen:
Sie geht nicht in die Disco.	*Sie*

3 **Zwischen deutschen und muslimischen Mädchen mit Migrationshintergrund gibt es immer noch Unterschiede. Kennst du welche?**
Ein deutsches und ein muslimisches Mädchen mit Migrationshintergrund unterhalten sich.

Das deutsche Mädchen: | Mädchen mit Migrationsgeschichte:

Wie heißt du?
Ich heiße Mina.
Wie lange bist du schon in Deutschland?
Zwei Jahre.
Gefällt es dir bei uns?
Es geht.
Ist vieles anders als bei euch?
Ja, manches schon.
Zum Beispiel?
Ich stehe auf, wenn Erwachsene ins Zimmer kommen.
Hmmm, ich bleibe sitzen.
Ich …

Führe das Gespräch weiter.
- doch reden
- niemandem die Hand küssen
- erst zum Abendessen nach Hause kommen
- nur manchmal der Mutter helfen
- schweigen, wenn Besuch da ist
- den Gästen die Hand küssen
- bei Dunkelheit zu Hause sein
- die meiste Hausarbeit machen

Arbeitsaufgaben

4 Woher kommst du?

Ein neuer Schüler kommt in die Klasse. Tom möchte ihn kennen lernen und stellt ihm einige Fragen:

Tom: Wie heiβt du?
Hasan: Hasan.
Tom: Ist das dein Vorname oder dein Familienname?
Hasan: Hasan ist mein Vorname.
Tom: Und wie ist dein Nachname?
Hasan: Mein Familienname ist Kemidi.
Tom: Wann bist du geboren?
Hasan: 2003.
Tom: Woher kommst du?
Hasan: Ich komme aus dem Libanon.
Tom: Wie lange bist du schon in Deutschland?
Hasan: Ich bin seit zwei Jahren hier.
Tom: Warum seid ihr nach Deutschland gekommen?
Hasan: Mein Vater hat hier Arbeit.
Tom: Wie gefällt es dir hier?
Hasan: Hier ist es prima.

a) Höre der CD gut zu.

b) Lies die Fragen von Tom mehrmals laut vor.

c) Frage wie Tom deine Freundinnen und Freunde und schreibe die Antworten in einer Tabelle auf.

Vorname	Familienname	Geburtsjahr	Herkunftsland	Aufenthalt in Deutschland	Grund für Zuwanderung	Eindrücke vo Deutschland
Hasan	*Kemidi*	*2003*	*Libanon*	*2 Jahre*		

5 Darfst du das?

einen Minirock anziehen — *allein ins Kino gehen*
ins Jugendzentrum gehen — *an einem Kochkurs teilnehmen*
nachmittags Fuβball spielen — *in einen Karatekurs gehen*
zum Schwimmen gehen — *sich nach der Schule mit Freunden treffen*

Ich darf einen/keinen Minirock anziehen.

Arbeitsaufgaben

Sabine hat ihre zugewanderten Freundinnen und Freunde gefragt und die Antworten aufgeschrieben. Finde die passenden Antworten.

Fragen	Antworten
Darfst du einen Minirock anziehen?	Nein, meine Eltern wollen das nicht. Nein, mein Vater erlaubt das nicht. Ja, am Donnerstag; da ist Mädchennachmittag. Ja, ich gehe gern in den Kochkurs.
Darfst du nachmittags Fußball spielen?	Ja, wenn ich meine Hausaufgaben gemacht habe. Nein, aber vielleicht darf ich später in einen Karatekurs gehen. Ja, aber nur mit der Klasse. Ja, ich treffe mich oft mit meinen Freunden.

6 **Lies Semras Schreiben noch einmal aufmerksam durch und kreuze an, ob die Aussage richtig oder falsch ist.**

	richtig	falsch
Semra ist Türkin.		
Selmas Eltern geben ihr das Gefühl, dass sie eine Fremde sein müsse.		
Semra hat einen deutschen Freund.		
Semra spricht Deutsch ohne Akzent.		
Die Eltern mögen das „Deutschsein“.		
Semra lebt zwischen zwei Welten.		
Semra hat kein Selbstbewusstsein.		
Wenn die Eltern in die Türkei zurückgehen, darf Semra in Deutschland bleiben.		

Gletscher fließen uns davon

Auf den Gipfeln der Hochgebirge herrschen fast das ganze Jahr über Minusgrade. Eine Schneeschicht landet auf der anderen. Die untersten Schichten werden von den oberen zu festem Eis zusammengepresst. Das kommt langsam aber sicher ins Rutschen.
So einen talwärts fließenden Eisstrom nennen wir Gletscher. Je nachdem, wie steil der Berghang ist, fließen Gletscher in einem Jahr zwischen 40 und 200 Metern bergab. In tieferen Regionen schmilzt das Eis und fließt als Gletscherbach weiter. Das Wasser, das ein Gletscher so nach und nach abgibt, ist für die Länder rund um die Alpen ein wichtiger Trinkwasservorrat. Die Klimaforscher befürchten aber, dass ab dem Jahr 2050 die Alpengletscher als Wasserspeicher für Mitteleuropa versiegen könnten.
Die beiden Fotos zeigen dir den „Schneeferner“. So heißt der Gletscher auf der Zugspitze, dem höchsten Berg Deutschlands. Du siehst ihn in den Ausmaßen von vor etwa 100 Jahren und heute. Er ist um ein gewaltiges Stück kleiner geworden. Und bald wird er wohl ganz verschwunden sein.

Arbeitsaufgaben

1 Lies und höre den Text.
Wie viel hast du schon verstanden? Markiere deinen Standort.

- ◯ alles
- ◯ viel
- ◯ mittel
- ◯ etwas
- ◯ nichts

2 Notiere einige Stellen aus dem Text, die du wichtig findest.
Das können Nomen, Verben oder Adjektive sein.

3 In dieser Tabelle sind wichtige Informationen über Gletscher versteckt.
Einige Informationen sind richtig, andere falsch. Kreuze an.

	richtig	falsch
Im ganzen Jahr gibt es Minusgrade im Hochgebirge.		
Schneeschichten werden zu lockerem Eis gepresst.		
Gletscher ist Name für Strom.		
Ein Gletscher ist ein talwärts fließender Eisstrom.		
Gletscher bewegen sich nicht.		
Ein Gletscherbach ist geschmolzenes Eis.		
Der „Schneeferner“ ist ein Wegweiser.		
Alpengletscher sind in Gefahr.		
Der Schneeferner-Gletscher wächst Jahr für Jahr.		

4 Markiere die richtigen Informationen aus Aufgabe 3 im Text.

5 Gibt es Anzeichen für eine Klimaänderung?
Der deutsche Klimaforscher Professor Hartmut Graßl sagt:
„Die Temperatur! Sie ist in den letzten Jahrzehnten angestiegen. In meiner Heimat Ramsau bei Berchtesgaden in den Alpen gab es früher, als mein Vater noch lebte, sieben Gletscher. Heute ist nur der Blaueis-Gletscher nicht gänzlich weggeschmolzen.“

Arbeitsaufgaben

Stelle dem Wissenschaftler Fragen zum Klimawandel.

Mich interessiert ____

____ .

Ich wüsste gern, warum ____

____ .

Können Sie mir erklären, ____

____ ?

6 Müll, überall Müll, sogar im Hochgebirge
Jedes Jahr werden viele Tonnen Müll in den Gebirgen von Freiwilligen gefunden, zum Beispiel Zigaretten, Flaschendeckel, Getränkedosen usw. Stelle nach deiner persönlichen Vermutung eine Top-Ten-Liste von Müll zusammen, der in den Bergen gefunden wird.

Meine Top-Ten-Bergfunde

1. ____________	6. ____________
2. ____________	7. ____________
3. ____________	8. ____________
4. ____________	9. ____________
5. ____________	10. ____________

7 Du kennst sicher auch andere Umweltprobleme und Katastrophen. Schreibe etwas darüber.

____

____

____

____

____

____

8 Was hast du gelesen? Kreuze an.

Buch-auszug	*Gedicht*	*Erzählung*	*Märchen/ Fabel*	*Jugend-literatur*	*Zeitungs-artikel*	*Sachtext*

Europäisches Nordmeer
Island
Reykjavik
Färöer (Dän.)
Shetland-Inseln
Orkney-Inseln
Ozean
Atlantischer
Irland
Dublin
Großbritannien
London
Kanalinseln (G.-B.)
Nordsee
Norwegen
Oslo
Schweden
Stockholm
Finnland
Helsinki
Tallinn
Estland
Riga
Lettland
Litauen
Vilnius
zu Russland
Ostsee
Dänemark
Kopenhagen
Russland
Moskau
Minsk
Weißrussland
Kiew
Ukraine
Amsterdam
Niederlande
Brüssel
Belgien
Lux.
Luxemburg
Berlin
Deutschland
Warschau
Polen
Prag
Tschechische Republik
Slowakei
Bratislava
Wien
Österreich
Budapest
Ungarn
Moldawien
Kischinau
Rumänien
Bukarest
Paris
Frankreich
Bern
Schweiz
L.
Slowenien
Ljubljana
Zagreb
Kroatien
Bosnien und Herzegowina
Sarajevo
Belgrad
Serbien
Montenegro
Podgorica
Kosovo
Pristina
Skopje
Mazedonien
Tirana
Albanien
Bulgarien
Sofia
Griechenland
Athen
Kreta
San Marino
Monaco
Italien
Rom
Korsika
Sardinien
Sizilien
Valletta
Malta
Portugal
Lissabon
Madrid
Spanien
Andorra
Balearen
Marokko
Algerien
Tunesien
Mittelmeer
Schwarzes Meer
Türkei
Ankara
Georgien
Aserbaidschan
Armenien
Kasachstan
Kaspisches Meer
Syrien
Irak
Iran
Lefkosia
Zypern
Libanon
1: 16 000 000

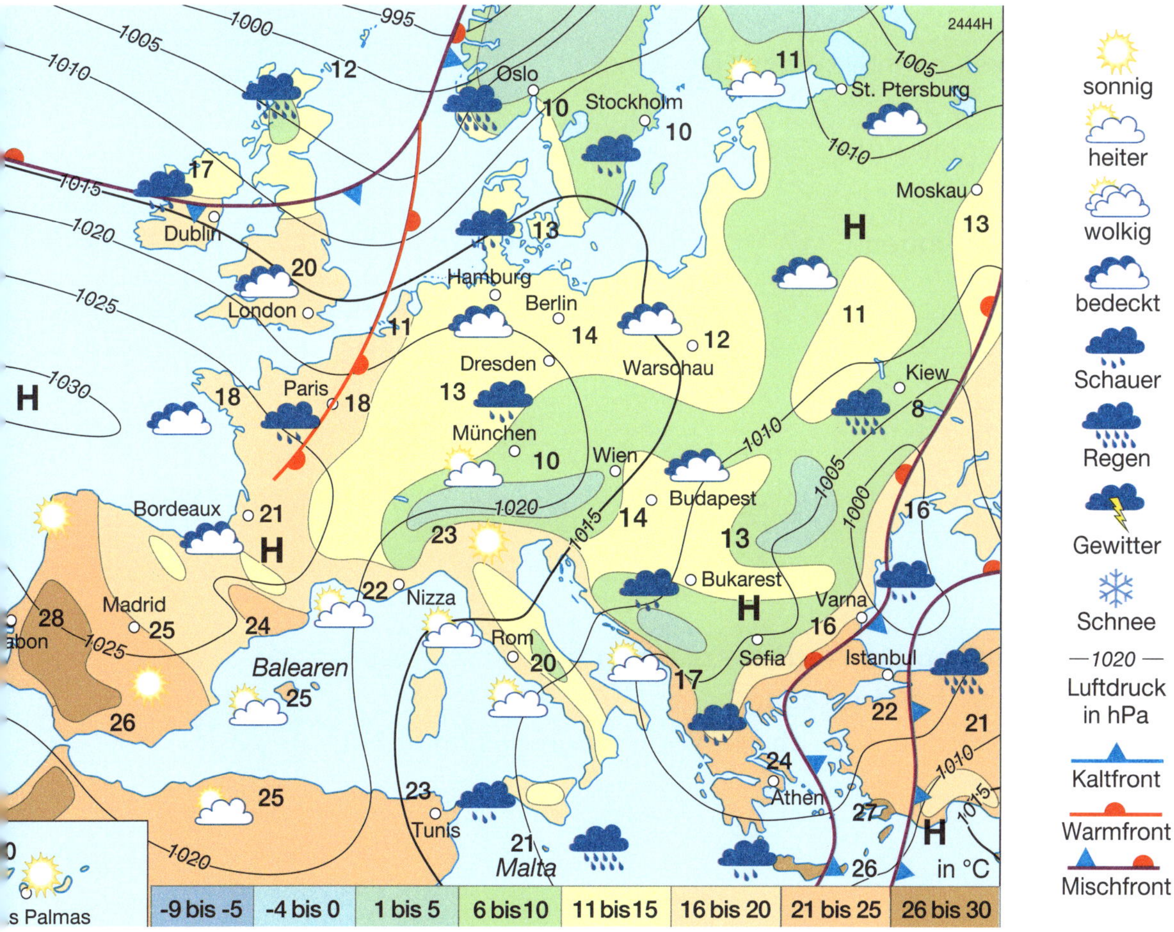

995
1000
1005
1010
1015
1020
1025
1030
2444H
Oslo 10
Stockholm 10
St. Ptersburg
11
12
17
Dublin
20
London
Hamburg
13
Berlin 14
Warschau 12
Moskau 13
H
11
11
Dresden
13
Paris 18
18
H
Kiew 8
München 10
Wien
Budapest 14
13
Bordeaux 21
H
23
16
Bukarest
H
Varna 16
Madrid 25
28
Lisabon
24
22 Nizza
Rom 20
Sofia
17
Istanbul
Balearen 25
26
22
21
24
Athen
27
25
23 Tunis
21 Malta
26
H
in °C
Las Palmas
-9 bis -5
-4 bis 0
1 bis 5
6 bis 10
11 bis 15
16 bis 20
21 bis 25
26 bis 30
sonnig
heiter
wolkig
bedeckt
Schauer
Regen
Gewitter
Schnee
1020
Luftdruck in hPa
Kaltfront
Warmfront
Mischfront

Arbeitsaufgaben

1 **Vergleiche die Wetterkarte mit der Landkarte.**
Aus welchem Land könnten die Personen kommen?

Herr A: „Bei und ist es 22° warm und es regnet."

Herr A kommt aus … ______________________

Frau B: „Bei uns ist es 21° warm und bedeckt."

____

Herr C: „Bei uns ist es 10° warm und es gibt Schauer."

____

Frau D: „Wir haben 26° und es ist sonnig."

____

2 **Alle meckern über das Wetter. Schau auf die Karte. Wo kann das sein?**

Erkan **klagt über das Regenwetter. Er ist in Istanbul.**

Diana **klagt, weil der Himmel so bedeckt ist.**

Sie ist in ______________ **.**

Petra **schimpft, weil es Schauer gibt. Sie ist in** ______________ **.**

Juan **schimpft, weil es ihm zu heiß ist. Er ist in** ______________ **.**

Allie **jammert über die Kälte. Sie ist in** ______________ **.**

3 **Bilde die richtigen Fragen.**

Du fragst:	Herr Wetterfrosch antwortet:
Wie ist das Wetter in ______________ *?*	8 °C und Regen
______________	8 °C und heiter
______________	14 °C und bedeckt
______________	13 °C und wolkig

4 **Schaue im Fernsehen die Wettervorhersage an.**
Notiere die wichtigsten Aussagen.
Überprüfe am nächsten Tag, ob die Vorhersage gestimmt hat.

Arbeitsaufgaben

5 **Setze die richtigen Begriffe ein.**
Die Symbole helfen dir.

Wenn keine Wolken am Himmel sind, ist es …

Wenn warmer Wind kommt, spricht man von …

Wenn am Himmel nur einzelne Wolken sind, ist es …

Wenn weiße Flocken vom Himmel fallen, gibt es …

Wenn Wassertropfen vom Himmel fallen, fällt …

Wenn es ganz kleine Tropfen sind, ist es …

Wenn kalter Wind kommt, herrscht …

Wenn der Himmel zum größten Teil mit Wolken bedeckt ist, ist es …

Wenn es blitzt und donnert, haben wir ein …

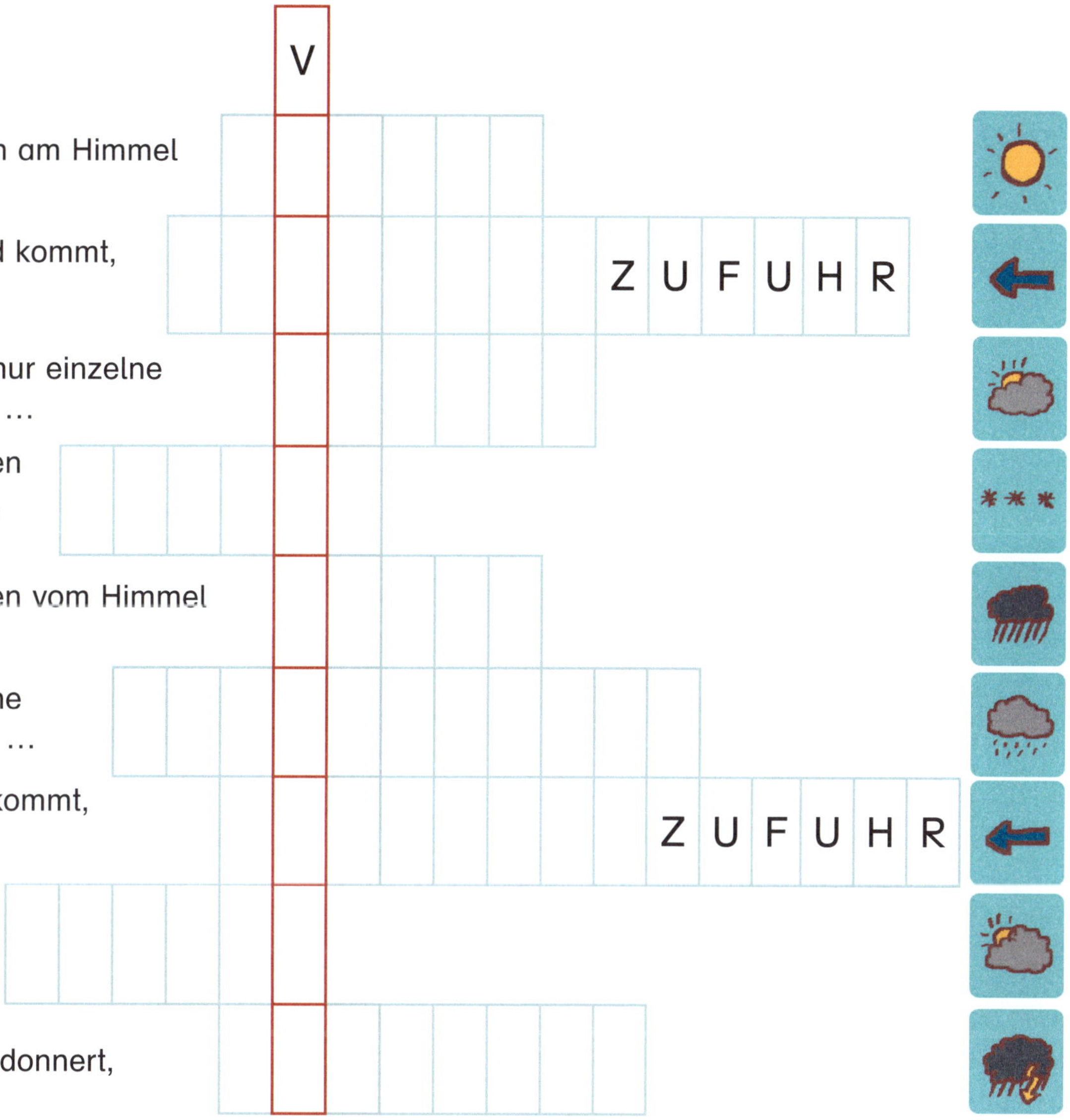

Lösung: Am Schluss der Nachrichten folgt die Wetter-

6 **Präsentiere das Wetter für morgen.**

1
VATER & SOHN
2
3
4
5
VATER & SOHN

Arbeitsaufgaben

1. **Betrachte die Bilder der Bildergeschichte.**

2. **Wie fühlt sich der Vater? Wie fühlt sich der Sohn?
Ordne den fünf Bildern die passenden Wörter zu und trage die richtige Bildnummer dazu ein.**

besorgt ◯ ängstlich ◯ nervös ◯ wütend ◯ verblüfft ◯

3. **Notiere zu jedem Bild einen Satz, in dem eines der Wörter aus Aufgabe 2 verwendet wird.**

Beispiel: *Der Vater ist wütend.*

4. **Was tun die Personen? Finde zu jedem Bild ein passendes Wort.**

Verben: *wegrennen* | *hinterherlaufen* | *sitzen* | *schreiten* | *gehen* | *kommen* | *schießen*

Beispiel: *Der Sohn rennt weg.*

5. **Zu welchem Bild passen die Sprechblasen?
Trage die richtige Bildnummer ein!**

6. **Schreibe nun unter die Bilder je einen Satz, in dem ein Wort aus Aufgabe 2 und ein Wort aus Aufgabe 4 vorkommt.**

Beispiel: *Der Sohn rennt weg, und wütend läuft der Vater hinterher.*

7. **Wie mag die Geschichte ausgehen?**

**Überlege dir einen Schluss und schreibe ihn auf.
Du kannst auch ein Bild dazu malen.**

Die erste Eisenbahn

In England hatte man von Manchester nach Liverpool eine Eisenbahnlinie gebaut. Nun wollte man auch in Deutschland zwei Städte mit einer Eisenbahn verbinden. Zwischen Nürnberg und Fürth waren die Voraussetzungen besonders gut. Das Gelände war eben und man musste keine Brücken und keine Tunnel bauen. Außerdem war die Strecke nur sechs Kilometer lang. Aber vor dem Ausmessen der Strecke gab es Schwierigkeiten. Die Besitzer des Bodens wollten ihr Land nicht verkaufen. Erst nach langen Verhandlungen konnte man die Schwellen legen und die Schienen darauf befestigen.

Nürnberger Handwerker stellten die Personenwagen her. Die Lokomotive wurde von einer Maschinenfabrik in England gebaut. Sie erhielt den Namen ADLER. Die Ehrengäste saßen in den Personenwagen und warteten auf die erste Fahrt. Ein englischer Maschinist bediente die Lokomotive. Viele Zuschauer wollten die Wagen sehen, die nicht von Pferden gezogen wurden. Eine Kapelle spielte Musik. Der Nürnberger Bürgermeister hielt eine Rede. Nach einem Kanonenschuss setzte sich der Zug langsam in Bewegung.

Die neue Eisenbahn wurde ein großer Erfolg. Bald wurden andere Linien gebaut.

Arbeitsaufgaben

1 **Lies und höre den Text.**
Wie viel hast du schon verstanden? Markiere deinen Standort. ✕

- ◯ alles
- ◯ viel
- ◯ mittel
- ◯ etwas
- ◯ nichts

2 **Was ist richtig? Kreuze an.**

- ◯ Die erste Eisenbahn wurde in England gebaut.
- ◯ Die erste Eisenbahn wurde in Italien gebaut.

- ◯ In Deutschland wurden Nürnberg und Fürth miteinander verbunden.
- ◯ In Deutschland wurden Nürnberg und München miteinander verbunden.

- ◯ Zwischen Nürnberg und Fürth wurden zwei Eisenbahnbrücken gebaut.
- ◯ Zwischen Nürnberg und Fürth musste man keine Eisenbahnbrücken bauen.

- ◯ Die Strecke war neun Kilometer lang.
- ◯ Die Strecke war sechs Kilometer lang.

- ◯ Mit den Grundbesitzern wurden Verhandlungen geführt.
- ◯ Den Grundbesitzern wurde ihr Land weggenommen.

- ◯ Die Personenwagen wurden in England hergestellt.
- ◯ Die Personenwagen wurden von Nürnberger Handwerkern hergestellt.

- ◯ Die Lokomotive erhielt den Namen SCHWALBE.
- ◯ Die Lokomotive nannte man ADLER.

- ◯ Am 7. Dezember 1835 wurde die Eisenbahn eröffnet.
- ◯ Am 7. Dezember 1935 wurde die Eisenbahn eröffnet.

3 **Was wurde alles getan, bevor die erste Eisenbahn fahren konnte?**

gebaut | *verbunden* | *geführt* | *gekauft* | *gelegt*

befestigt | *genannt* | *bedient* | *gespielt*

Ergänze die Sätze.

Die erste Eisenbahn wurde in England ______________________.

Nürnberg und Fürth wurden mit einer Eisenbahn ______________________.

Viele Verhandlungen wurden ______________________.

Der Grund wurde ______________________.

Die Schwellen wurden ______________________.

Die Schienen wurden ______________________.

Die Lokomotive wurde ADLER ______________________.

Sie wurde von einem Engländer ______________________.

Musik wurde ______________________.

Arbeitsaufgaben

4 **Schreibe die richtigen Sätze zu den Bildern.**

In England hatte man von Manchester nach Liverpool eine Eisenbahnlinie gebaut.

In Deutschland wollte man Nürnberg und Fürth mit einer

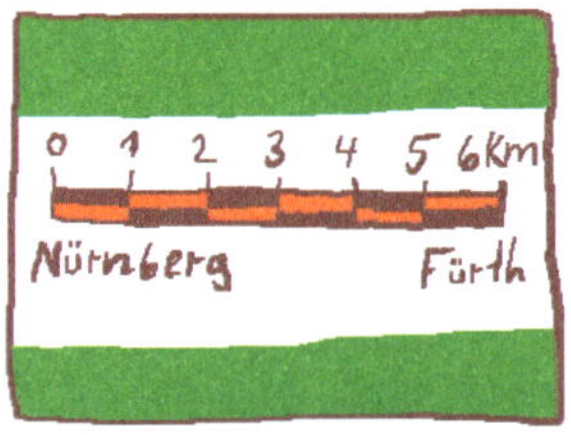

Er wollte nach London

Udo Lindenberg

Mit 13 ist er zum ersten Mal von zu Hause
weggerannt.
Er wollte nach London und später nach Paris.
Es waren komische Gefühle, als er nachts an der
Straße stand,
den Schlafsack unterm Arm und 30 Mark in der Hand.
Er rauchte viele Zigaretten, und dann wurde es wieder
heller.
Und morgens um 7 hatten sie ihn, sein Alter, war
leider schneller.

weggelaufen, ausgerissen

seltsame, eigenartige Gefühle

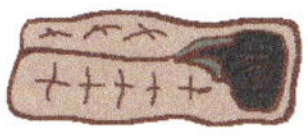

Währung in Deutschland vor dem Euro

sie hatten ihn gefunden

etwas frech für „sein Vater"

Als er so um 15 war, hat er's noch mal versucht;
und diesmal hat's hingehau'n, da haben sie sehr
geflucht.
Als er drei Tage später den Eindruck hatte, dass er
weit genug weg war,
hat er zu Hause angerufen und gesagt, es wär' alles
klar.
Eigentlich war gar nichts klar, und die Kohle war auch
schon alle,
und nun stand er da in irgendeiner kalten
Bahnhofshalle.

ungefähr 15 Jahre alt

es ist gelungen, es ist nach Wunsch gegangen

er hatte das Gefühl, er dachte

alles ist in Ordnung

„Kohle" umgangssprachlich für Geld, war zu Ende, aufgebraucht

Er war in London, er war in Paris. Er war in vielen
großen Städten.
Er schlief auf harten Parkbänken und auf weichen
Wasserbetten.
Er spürte, dass er irgendwie auf der Suche war,
und was er eigentlich wollte, das war ihm damals
noch nicht klar.

etwas suchen, nach etwas Ausschau halten

das hat er nicht genau gewusst

Inzwischen ist er 19, und er weiß immer noch nicht
so genau,
was er denn nun davon halten soll, von dieser ganzen
Schau.
Viele Sachen sieht er anders, und er glaubt auch
nicht mehr so daran,
dass es nur an der Umgebung liegt. Vielleicht
kommt es doch mehr auf einen selber an!

von einer Sache denken

alle Ereignisse, das ganze Leben

die anderen sind Schuld

man muss sich selbst bemühen, man muss den richtigen Weg finden

Und nun liest er ein Buch von Hermann Hesse,
und nun macht er Meditation.
Doch er findet Jerry Cotton auch sehr stark,
und er lernt jetzt auch noch Saxophon.

bekannter deutscher Schriftsteller; er schrieb viele Gedichte und Romane

er denkt in Stille nach

Verfasser von einfachen Kriminalromanen

Arbeitsaufgaben

1 **Lies und höre den Text.**
Wie viel hast du schon verstanden? Markiere deinen Standort. X

- alles
- viel
- mittel
- etwas
- nichts

2 **Ausreißen**
Manchmal laufen junge Menschen von zu Hause weg. Unten erzählen Jungen und Mädchen, warum sie ausgerissen sind. Schreibe es auf.

Marina

Ich bin von zu Hause weggelaufen,
weil meine Mutter dauernd mit mir schimpfte.

Ali

Ich bin von zu Hause weggelaufen,
weil

Julia

Ich bin von zu Hause weggelaufen,
weil

Hasan

Ich bin von zu Hause weggelaufen,

Elena

Ich bin von zu Hause weggelaufen,

Maria

Ich bin von zu Hause weggelaufen,

Einige Erklärungen:

die Schule satt haben: *von der Schule genug haben, nicht mehr in die Schule gehen wollen*
ein Auto zu Schrott fahren: *einen Unfall haben und das Auto kaputtfahren*

3 **Der Junge in Udo Lindenbergs Lied kommt nach einigen Jahren wieder nach Hause. Er erzählt seinen Freunden, was er erlebt hat.**

Was wird er wohl erzählen? Versuche es. Schau auf den Text und erzähle weiter.

Ich wollte nach London.
Mit 13 bin ich zum ersten Mal
von zu Hause weggerannt.
Ich wollte nach London. Es waren
komische Gefühle, als ich …

Arbeitsaufgaben

4 Lies den Text noch einmal und beantworte die Fragen.

Was hat der Junge mit 13 Jahren gemacht?

Er ist ______________________________

Wohin wollte er?

____

Wo hatte er seinen Schlafsack?

____

Wie viel Geld hatte er in der Hand?

____

Wer hat ihn wieder eingefangen?

____

In welchem Alter ist er wieder ausgerissen?

____

Nach wie vielen Tagen hat er seine Eltern angerufen?

____

Wann war das Geld alle?

____

Wie alt ist er inzwischen?

____

5 Was ist richtig? Kreuze die richtige Antwort an.

In welchem Alter ist der Junge zum ersten Mal weggerannt?
- ○ Mit 14 Jahren.
- ○ Mit 13 Jahren.

Welche Städte wollte er sehen?
- ○ London und Paris.
- ○ Rom und Athen.

Was hatte er unter dem Arm?
- ○ Einen Koffer.
- ○ Einen Schlafsack.

Wann haben sie ihn wieder gefunden?
- ○ Am nächsten Morgen.
- ○ 3 Tage später.

Wie alt ist der Junge heute?
- ○ Er ist 25 Jahre alt.
- ○ Er ist 19 Jahre alt.

Worauf kommt es im Leben an?
- ○ Auf einen selbst.
- ○ Auf die Umgebung.

Was liest der Junge nun?
- ○ Ein Buch von Hermann Hesse.
- ○ Ein Buch von Friedrich Schiller.

Welches Musikinstrument lernt er?
- ○ Er lernt Flöte.
- ○ Er lernt Saxophon.

Ein ganzes Dorf stellt sich in den Laden

66 Bürger wollen mehr als nur eine Einkaufsmöglichkeit schaffen

Hutten – Mit seinen 850 Einwohnern ist Hutten ein Stadtteil von Schlüchtern im nördlichen Main-Kinzig-Kreis. Doch sehr städtisch geht es in dem knapp zehn Kilometer vom Zentrum entfernten Dorf nicht zu.
Wie in vielen kleinen Ortschaften hapert es mit dem Einkauf gewaltig, seit der Tante-Emma-Laden zugemacht hat. Wer in Hutten frische Brötchen oder Wurst und Käse möchte, muss nach Schlüchtern fahren oder auf die Verkaufswagen des Bäckers oder der beiden Metzger warten, die einmal in der Woche nach Hutten kommen.

Das soll von Juni an anders werden. Die Huttener richten sich ein eigenes Einzelhandelsgeschäft ein.
Das Geschäft soll unter den Namen „Unser Laden“ in der ehemaligen Dorfschule eingerichtet werden.
Führen wollen es Frauen aus dem Dorf im Wechsel. Sie haben das geplante Warenangebot nach ihren Bedürfnissen zusammengestellt.
Die Verhandlungen mit zwei Fuldaer Lebensmittelgroßhändlern, die einen preisgünstigen Einkauf garantieren sollen, laufen noch. Schließlich soll auch bei der Preiskalkulation darauf geachtet werden, dass „Unser Laden“ konkurrieren kann. Die Huttener rechnen damit, dass ihr Geschäft von den Bürgern angenommen wird. Der Laden muss niemanden ernähren und folglich auch keinen hohen Gewinn abwerfen.

Den Bauantrag für den Umbau der 150 Jahre alten Schule haben die Huttener bereits gestellt.

„Unser Laden“ soll für die etwa 250 Haushalte Huttens jedoch mehr sein als nur ein Geschäft. In einer Ecke des Verkaufsraums werden drei Bistro-Tische und eine Kaffee-Maschine aufgestellt. Auch die Information des Ortsvorstehers, der Stadtverwaltung und der Vereine sollen dort ausgehängt werden. Nach dem Einkauf soll dort wieder der Dorftratsch blühen. Einen Platz dafür hatten die Huttener bislang auch nicht.

Arbeitsaufgaben

1 **Lies und höre den Text.**
Wie viel hast du schon verstanden? Markiere deinen Standort. X

- ○ alles
- ○ viel
- ○ mittel
- ○ etwas
- ○ nichts

2 **Kreuze richtige Aussagen an.**

- ○ Die Huttener Bürger können nur in Schlüchtern einkaufen.
- ○ Das neue Geschäft soll „Unser Laden“ genannt werden.
- ○ Der Laden muss hohen Gewinn abwerfen.
- ○ Das Geschäft soll in der ehemaligen Dorfschule eingerichtet werden.
- ○ In Hutten wohnen insgesamt 250 Menschen.
- ○ Die Bürger von Hutten gehen zur Unterhaltung ins Gasthaus von Hutten.

3 **Verbinde die Satzteile!**

3	A	Das Warenangebot
	B	Das Geschäft
	C	Hohe Gewinne
	D	Hutten ist
	E	„Unser Laden“

(1) soll den namen „Unser Laden“ bekommen.
(2) ein Stadtteil von Schlüchtern.
(3) haben die Huttener nach ihren Bedürfnissen zusammengestellt.
(4) muss der Laden nicht abwerfen.
(5) soll etwa 250 Haushalte versorgen.

4 **Schreibe auf, was du ins Warenangebot aufnehmen würdest.**

5 **Verbinde die Sätze mit „dass“ oder „weil“.**

Die Huttener müssen zum Einkaufen nach Schlüchtern fahren, ________ es bei ihnen keinen Laden gibt.

Zwei Lebensmittelhändler aus Fulda garantieren, ________ ein preisgünstiger Einkauf möglich ist.

Die Huttener rechnen damit, ________ ihr Geschäft von den Bürgern angenommen wird.

Die Huttener hoffen, ________ nach dem Einkauf wieder der Dorftratsch blüht.

Der Laden muss keinen hohen Gewinn abwerfen, ________ er niemanden ernähren muss.

6 **„Unser Laden“ soll mehr sein als eine Einkaufsmöglichkeit.**
Was können die Huttener in ihrem Geschäft außerdem tun?

Notiere zwei Möglichkeiten, die im gesamten Text genannt sind.

Überlege dir zwei weitere Möglichkeiten.

Sägen sägen

Mit Sägen kann man sägen,
mit Riegeln kann man riegeln,
mit Spritzen kann man spritzen,
mit Spiegeln kann man spiegeln,
mit Zügeln kann man zügeln,
in Wiegen kann man sich wiegen,
aber mit Flügeln kann man nicht flügeln,
mit Flügeln kann man nur fliegen.

Arbeitsaufgaben

1 **Lies und höre das Gedicht.**
Wie viel hast du schon verstanden? Markiere deinen Standort. ☒

- ○ alles
- ○ viel
- ○ mittel
- ○ etwas
- ○ nichts

2 **Ordne den Bildern die richtigen Wörter zu:**

die *Säge* ______ Mit *Sägen* ______ kann man *sägen* ______.
die ______ Mit ______ kann man ______.
die ______ Mit ______ kann man ______.
die ______ Mit ______ kann man ______.
die ______ Mit ______ kann man ______.
die ______ Mit ______ kann man ______.
die ______ Mit ______ kann man ______
aber nicht ______.

fliegen	Flügel	flügeln			
Sägen	sägen	Spritzen	spritzen	Riegel	riegeln
Spiegel	spiegeln	Wiegen	wiegen	Zügel	zügeln

3 **Schreibe selbst ein ähnliches Gedicht.**
Du kannst dazu die folgenden Wörter verwenden.

Mit *Bürsten* ______ kann man ______.
Mit ______ kann man ______.
Mit ______ kann man ______.
Mit ______ kann man ______.
Mit ______ kann man ______.
Mit ______ kann man ______.
aber mit ______ kann man nicht ______.

4 **Suche selbst weitere Wörter und schreibe ein neues Gedicht.**
Das Wörterbuch hilft dir.

Der Kleine Prinz

Antoine de Saint-Exupéry

Der Kleine Prinz ist ein Märchen für Kinder und für Erwachsene, das seit seinem Erscheinen 1943 viele Leser begeistert. Die Erzählung gehört mit über 140 Millionen verkauften Exemplaren zu den erfolgreichsten Büchern der Welt.

Der Autor des Buches, Antoine de Saint-Exupéry, war leidenschaftlicher Pilot und Schriftsteller. Ein Flugzeugabsturz über der ägyptischen Wüste beeinflusste auch das Thema dieses Buches. Es entsteht „Der Kleine Prinz“, eine Traumfigur, die das Wesentliche besser mit dem Herzen sieht als mit den Augen.

In der Geschichte muss ein Pilot in der Sahara mit seinem Flugzeug notlanden. Er hat nur für acht Tage Proviant und befindet sich in Lebensgefahr. In der Wüste ist er so allein, wie er sich auch oft in seinem Leben gefühlt hatte, denn niemand verstand seine Phantasie und er hatte keine Freunde.

... Bis ich vor sechs Jahren einmal eine Panne in der Wüste Sahara hatte. Etwas an meinem Motor war kaputtgegangen.

Am ersten Abend bin ich also im Sand eingeschlafen, tausend Meilen von jeder bewohnten Gegend entfernt. Ich war viel verlassener als ein Schiffbrüchiger auf einem Floß mitten im Ozean. Ihr könnt euch daher meine Überraschung vorstellen, als bei Tagesanbruch eine seltsame kleine Stimme mich weckte:

„Bitte ... zeichne mir ein Schaf!“

„Wie bitte?“

„Zeichne mir ein Schaf ...“

Ich bin auf die Füße gesprungen, als wäre der Blitz in mich gefahren. Ich habe mir die Augen gerieben und genau hingeschaut. Da sah ich ein kleines, höchst ungewöhnliches Männchen, das mich ernsthaft betrachtete. ...

Ich schaute mir die Erscheinung also mit großen, staunenden Augen an. ... Als ich endlich sprechen konnte, sagte ich zu ihm:

„Aber, was machst du denn da?“

Da wiederholte es ganz sanft, wie eine sehr ernsthafte Sache:

„Bitte ... zeichne mir ein Schaf ...!“

So absurd es mir schien – tausend Meilen von jeder menschlichen Behausung und in Todesgefahr – ich zog aus meiner Tasche ein Blatt Papier und eine Füllfeder. Missmutig sagte ich zu dem Männchen, dass ich nicht zeichnen könne.

Es antwortete: „Das macht nichts. Zeichne mir ein Schaf.“
Da ich nie ein Schaf gezeichnet hatte, machte ich ihm eine von den einzigen zwei Zeichnungen, die ich zuwege brachte. Die von der geschlossenen Riesenschlange.

Und ich war höchst verblüfft, als ich das Männchen sagen hörte: „Nein! Nein! Ich will keinen Elefanten in einer Riesenschlange. Eine Riesenschlange ist sehr gefährlich und ein Elefant braucht viel Platz. Bei mir zu Hause ist wenig Platz. Ich brauche ein Schaf. Zeichne mir ein Schaf.“ Also habe ich gezeichnet.

Das Männchen schaute aufmerksam zu, dann sagte es: „Nein, das ist schon sehr krank. Mach ein anderes.“
Ich zeichnete. Mein Freund lächelte artig und mit Nachsicht: „Du siehst wohl ... das ist kein Schaf, das ist ein Widder. Es hat Hörner ...“
Ich machte also meine Zeichnung noch einmal.
Aber sie wurde ebenso abgelehnt wie die vorigen: „Das ist schon zu alt. Ich will ein Schaf, das lange lebt.“
Mir ging die Geduld aus, es war höchste Zeit, meinen Motor auszubauen, so kritzelte ich diese Zeichnung da zusammen und knurrte dazu: „Das ist eine Kiste. Das Schaf, das du willst, steckt da drin.“

Und ich war höchst überrascht, als ich das Gesicht meines jungen Kritikers aufleuchten sah: „Das ist ganz so, wie ich es mir gewünscht habe. Meinst du, dass dieses Schaf viel Gras braucht?“
„Warum?“
„Weil bei mir zu Hause alles ganz klein ist ...“
„Es wird bestimmt ausreichen. Ich habe dir ein ganz kleines Schaf geschenkt.“
Er neigte den Kopf über die Zeichnung: „Nicht so klein wie ... Aber sieh nur!
Es ist eingeschlafen ...“
So machte ich die Bekanntschaft des Kleinen Prinzen.

Anmerkung: Der Autor schreibt klein im Namen des Kleinen Prinzen mit einem Großbuchstaben, so als wäre Klein ein Vorname.

Arbeitsaufgaben

- alles
- viel
- mittel
- etwas
- nichts

1 Lies und höre den Text.
Wie viel hast du schon verstanden? Markiere deinen Standort. X

2 Wie heißen die Wörter? Suche sie im Text und ergänze sie.

der Pilot

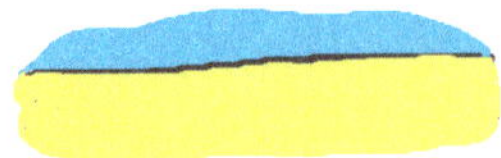
die __ ü ______

der ______ or

das F ______ mitten im ______

an

das ______ f

der ______ tz

die ____ üll ______

die __ iste

die __ iesensch ______

der W __ dd ____

die ____ ör ______

3 Der Pilot zeichnete für den Kleinen Prinzen. Zeichne auch du kleine Bilder und füge sie in den Text ein.

4 Übe die Geschichte mit zwei Partnern als Lesevortrag. Einer liest, was der Pilot sagt, einer, was der Kleine Prinz sagt, und einer trägt den Zwischentext vor.

5 Denke dir mit einem Partner ein Rollenspiel zur Geschichte aus.

6 Du findest die ganze Geschichte vom kleinen Prinzen im Internet (in einer anderen Übersetzung) unter www.derkleineprinz-online.de. Suche darin einen Satz, der dir besonders gefällt.

____

____

7 Was hast du gelesen? Kreuze an.

Buchauszug	*Gedicht*	*Erzählung*	*Märchen/ Fabel*	*Jugendliteratur*	*Zeitungsartikel*	*Sachtext*

Witze

Thomas findet vor seinem Haus hundert Euro.
Eine Frau sieht, wie er den Schein aufhebt und einsteckt. Sie sagt: „Das darfst du nicht!
Du musst das Geld zum Fundbüro bringen!“
Thomas sagt: „Das Geld gehört meiner Mutter.“
„Das glaube ich nicht. Woher weißt du das denn?“
„Mein Vater sagt immer, Mutter schmeißt das Geld aus dem Fenster raus.“

Der Vater bringt seinen kleinen Sohn ins Bett. Nach einer Weile öffnet die Mutter ganz vorsichtig, nur einen kleinen Spalt weit, die Tür und fragt leise:
„Ist er schon eingeschlafen?“
Da antwortet der kleine Sohn:
„Ja, und er schnarcht ganz laut!“

Mama, Bello hat ein Loch in den Teppich gefressen!
Dann musst du ihn bestrafen!
Das habe ich schon.
Ich habe sein Futter aufgegessen.

Arbeitsaufgaben

alles
viel
mittel
etwas
nichts

1 Lies und höre die Witze.
Wie viel hast du schon verstanden? Markiere deinen Standort. X

2 Lies und höre den Witz über Bello.
Welche zwei Bilder passen zum Witz? Markiere die passenden Bilder.

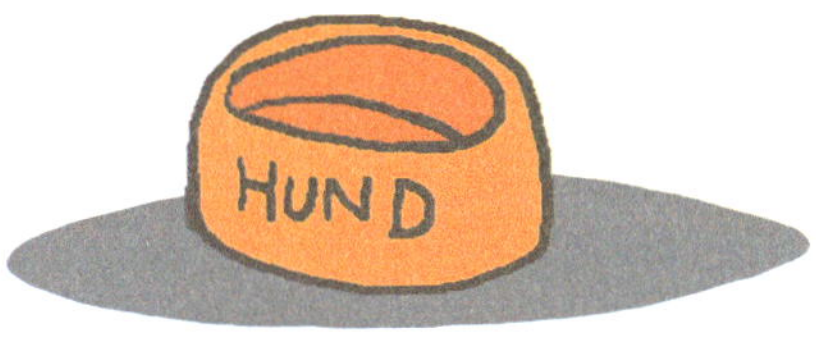

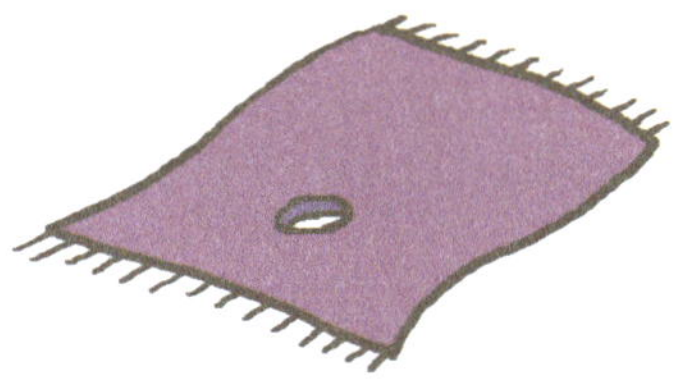

3 Lies und höre den Witz vom kleinen Sohn.
Male ein Bild zum Witz in den Bilderrahmen.
Füge Sprechblasen für Mutter, Kind und Vater ein.

4 Lies und höre den Witz vom Geldschein. Bringe die Sätze in die richtige Reihenfolge. Das hilft dir, den Witz zu erzählen.

(1) Thomas … … vor dem Haus hundert Euro
( ) … Geld gehört Mutter …
( ) … steckt Geld ein … …. Frau sieht …
( ) … Vater … Geld aus dem Fenster …
( ) … Geld zum Fundbüro …
( ) … Frau glaubt das nicht …

Arbeitsaufgaben

5 Notiere dir zu diesem Witz einige Wörter, die dir helfen, den Witz zu erzählen. Dann hast du einen Spickzettel.
Erzähle den Witz nach deinen eigenen Wörtern frei.

6 Spiele mit einem Partner einen der Witze als Dialog vor. Schreibe dazu ein Drehbuch.

7 Falte ein Mini-Buch. Mache aus dem Witz eine Bildergeschichte und schreibe zu deinen Bildern die passenden Sätze dazu.

8 Kennst du auch einen Witz und kannst du ihn erzählen? Schreibe ihn auf.

Vielleicht ein Anfang

Peter Härtling

Kurz vor halb vier brach Jakob auf. Er durfte nicht zu spät kommen. Als er heimkam, hatte er einen Zettel auf dem Küchentisch gefunden.

Lieber Jakob, las er, wärme dir bitte das Essen. Der Topf steht im Kühlschrank. Reg dich nicht auf und geh pünktlich zu Herrn Weber. Sie schrieb Herr Weber. Als ob Benno ein Herr Weber sein könnte. Mick, dachte er, aber Mick durfte es nicht mehr geben.

Als Jakob im Nachbarhaus die Treppe zum vierten Stock hinaufging, erinnerte er sich, wie er Mick verfolgt hatte.

Vor der Tür, mit der Aufschrift »Benno Weber«, zögerte er. Vielleicht meinte es Benno nicht ernst.

Er musste nicht klingeln, Benno öffnete die Tür und sagte: Ich hab dich gehört. Komm rein! Er führte ihn in ein Zimmer, das Jakob sofort gefiel. Es war nicht groß. Auf einem Bord lagen vier Gitarren nebeneinander, zwei elektronische und zwei akustische. Die wusste Jakob zu unterscheiden.

Setz dich! Benno zeigte auf einen Hocker ohne Lehne, nahm eine der alten Gitarren und legte das breite Band um Jakobs Nacken.

Wie fühlt sich das an?

Stark.

Er saß direkt einem Plakat von Mick Jagger gegenüber. Benno rückte mit seinem Stuhl neben ihn, schlug ein Heft auf, sah zu dem Poster hoch und grinste: Da hast du ja deinen Mick. Der wird dir schon auf die Pfoten gucken.

Vorsichtig zupfte Jakob an einer Saite. Sie klang! Der Ton schwoll an, wurde zur Musik, wurde ein Song, der ihn erfüllte, den er zu hören glaubte. Es war wunderbar. Im Grunde brauchte Benno ihm gar nichts beizubringen, nur neben ihm zu sitzen und ihm zuzuhören.

Der schubste ihn: Komm zu dir, du Penner! Erst musst du lernen, wie man die Gitarre hält, dann versuchen wir ein paar Griffe. Das klappt nicht ohne Arbeit!

Mick schaute mitleidig von der Wand.

Stelle dich doch nicht so an, schimpfte Benno. Siehst du, hier auf diesem Blatt, so musst du greifen.

Aber das konnte er längst. Damals, als Mick, als sie miteinander unterwegs waren …

Ja, ja!, sagte Jakob.

Das reichte Benno. Er schob den Stuhl zur Seite, ging im Zimmer auf und ab, baute sich vor Jakob auf und hielt ihm eine richtige Standpauke: Pass mal auf! Was du zusammenspinnst, ist mit egal. Entweder willst du lernen oder wir lassen es bleiben. Dann bist du selber blöd. Und niemand kann dir helfen. Ist das klar?

Jakob strich nur mit der Hand über die Gitarre.

Also gut!

Sie fingen an. Jakob strengte sich an, bei der Sache zu bleiben, nicht in Gedanken bei Mick zu sein, der doch anders ist als Benno.

Es geht ja, wenn du willst!

Wirklich?

Wirklich, Jakob.

Mick Jagger

Peter Härtling, 1933 in Chemnitz geboren, hat viele Bücher für Erwachsene und für Kinder und Jugendliche geschrieben, z.B.: Oma, Ben liebt Anna, Das war der Hirbel

Arbeitsaufgaben

1 Lies und höre die Geschichte.
Wie viel hast du schon verstanden? Markiere deinen Standort. ╳

- ◯ alles
- ◯ viel
- ◯ mittel
- ◯ etwas
- ◯ nichts

2 Zu jedem Kästchen gehören eine Sprechblase und ein Bild.
Verbinde die drei mit einem Strich.

er tut nichts und schläft viel …

Tiere haben keine Hände wie Menschen.

Einer schimpft, damit es der andere besser macht.

die Hand zupft an den Saiten …

die Griffe muss Jakob lernen

„Penner“ wird Jakob genannt

ein Pfote hat Jakob nicht

eine Standpauke hält Benno

3 Zu welchem Bild passt das?

Wer strengt sich an? *Wer lässt sich was beibringen?*
Wer spinnt sich etwas im Kopf zusammen? *Wer lässt sich trösten?*

Schreibe die passenden Sätze unter die Bilder!

Jakob spinnt sich …	*Elena*	*Anna*	*Carlos*

Arbeitsaufgaben

4 Lies den Text noch einmal und kreuze dann an, was richtig ist. Nur jeweils eine Antwort ist richtig.

Was will Jakob im Nachbarhaus?
- ○ Er will Mick wieder besuchen.
- ○ Benno Weber soll ihn trösten.
- ○ Er will Gitarre spielen.
- ○ Jakob will Benno etwas vorspielen.

Was tut Benno, als Jakob vor der Tür steht?
- ○ Er schickt ihn gleich wieder weg.
- ○ Er begrüßt ihn ganz freundlich.
- ○ Er fragt ihn nach seiner Gitarre.
- ○ Er bittet ihn morgen wiederzukommen.

Als Jakob an der Gitarrensaite zupft,
- ○ da hört er die Musik nur im Kopf.
- ○ da ist das Zimmer voll Musik.
- ○ da sagt Benno: Jakob kann spielen.
- ○ da braucht Benno nur noch zuzuhören.

Warum hält Benno eine richtige Standpauke?
- ○ Jakob träumt immerzu von Mick.
- ○ Jakob kann die Gitarre nicht halten.
- ○ Jakob spielt immer zu laut Gitarre.
- ○ Jakob hat von Mick spielen gelernt.

Plötzlich geht es gut – warum?
- ○ Jakob streicht mit der Hand über die Gitarre.
- ○ Jakob spinnt sich schöne Sachen zusammen.
- ○ Jakob ist blöd und er bekommt Hilfe von Benno.
- ○ Jakob strengt sich an, nicht an Mick zu denken.

5 Wer war Mick? Schreibe deine Vermutung auf.

6 Ist bei dir auch einmal etwas leichter gegangen, weil du es wolltest? Erzähle.

7 Was hast du gelesen? Kreuze an.

Buch-auszug	Gedicht	Erzählung	Märchen/ Fabel	Jugend-literatur	Zeitungs-artikel	Sachtext

Der Buchdruck

Einst schrieb man Bücher Seite für Seite mit der Hand. Das war eine mühselige Arbeit und dauerte sehr lange. Dann schnitzte man die Wörter und Sätze in Holzplatten und bestrich sie mit Druckfarbe. Das Papier wurde daraufgelegt und mit einer Presse angedrückt. So konnte man ungefähr dreihundert Seiten drucken. Aber Holz ist weich und gibt nach. Die Schrift wurde mit der Zeit unklar.
Der Goldschmied Johannes Gutenberg in Mainz hatte eine Idee. Er versuchte die Textplatten aus Metall zu machen. Damit konnte man Tausende von Seiten drucken. Aber das war sehr teuer. Da überlegte er sich etwas anderes. Er stellte einzelne Buchstaben aus Metall her und setzte sie zu Wörtern zusammen. Die Buchstaben konnte man immer wieder verwenden. Johannes Gutenberg erfand also damit das Druckverfahren mit beweglichen Buchstaben. Im Jahr 1457 erschienen die ersten gedruckten Bücher. Seit jener Zeit können Bücher und Zeitschriften billig und in großen Mengen hergestellt werden.

Arbeitsaufgaben

alles
viel
mittel
etwas
nichts

1 **Lies und höre den Text.**
Wie viel hast du schon verstanden? Markiere deinen Standort. X

2 **Höre den Text noch einmal und streiche die Antworten im Text an.**

3 **Lies dann die Fragen und schreibe die Antworten darunter.**

Womit schrieb man früher die Bücher?

Man schrieb die Bücher mit der Hand.

Womit wurden die Holzplatten bestrichen?

Was wurde auf die Holzplatten gelegt?

Wie viele Seiten konnte man mit den Holzplatten drucken?

Ist Holz hart?

Wie wurde die Schrift mit der Zeit?

Welchen Beruf hatte Johannes Gutenberg?

Wo wohnte er?

Woraus machte er die Textplatten?

Wie viele Seiten konnte man mit den Metallplatten drucken?

War der Druck mit Metallplatten billig?

Was stellte Gutenberg später her?

Was setzte er mit den Buchstaben zusammen?

Wie heißt das neue Druckverfahren?

Wann erscheinen die ersten gedruckten Bücher?

4 **Gegensatzpaare**

Im Text sind einige Gegensätze ausgesprochen. Finde sie heraus.

Metall ist hart. Holz ist ______. Metalldruck ist klar. Holzdruck ______. Bewegliche Buchstaben sind billig. Metallplatten ______. Drucken geht schnell. Handschrift ______.

Wie kommt die Elektrizität in unsere Wohnung?

Wir drücken einen Knopf – eine Klingel ertönt! Wir drücken einen Schalter – das Licht geht an! Immer hilft uns die Elektrizität dabei

Wie kommt aber die Elektrizität vom Kraftwerk in unser Haus? Wir können das besser verstehen, wenn wir einen kleinen Versuch machen.

Für unseren Versuch brauchen wir:

eine kleine Glühbirne mit einer Fassung als **Stromverbraucher**

eine Batterie als **Stromquelle**

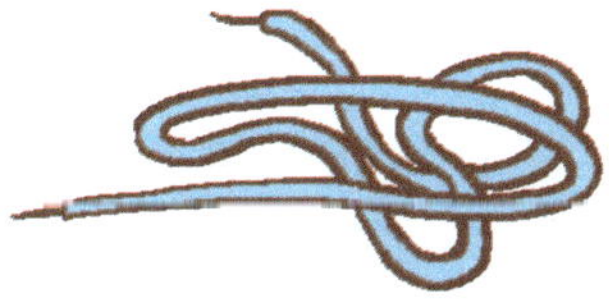

einen dünnen, umwickelten (isolierten) Draht als **Stromleiter**

Zuerst schneiden wir aus dem Draht zwei Stücke, jedes etwa 50 cm lang, und entfernen von den Enden die Umhüllung.

Einen der beiden Drähte verbinden wir mit der Batterie und mit der Birnenfassung. Da aber die Elektrizität noch nicht fließt, leuchtet das Birnchen nicht auf.

Jetzt verbinden wir auch den anderen Draht mit der Batterie und der Birnenfassung. Das Birnchen leuchtet.

Weshalb leuchtet jetzt das Birnchen?

Als wir den zweiten Draht an Batterie und Birnchen festmachten, haben wir einen Kreislauf hergestellt. Und die Elektrizität braucht diesen Kreislauf. Die Elektrizität fließt von der Batterie durch einen Draht, dann durch das Glühbirnchen und wieder zurück durch den anderen Draht zur Batterie. Diesen Kreislauf nennen wir einen STROMKREIS.

Elektrizität kann nur fließen, wenn ein Stromkreis vorhanden ist. Diese fließende Elektrizität nennen wir auch elektrischen Strom. In unseren Wohnungen verbrauchen wir natürlich viel mehr elektrischen Strom als bei unserem kleinen Versuch. Aber auch dieser Strom braucht einen Stromkreis.

Unser Haus hängt an einem großen Stromkreis, der folgendermaßen aufgebaut ist: Vom Kraftwerk aus fließt der elektrische Strom zunächst durch dicke Kabel, dann über dünnere Kabel in unsere Häuser und Wohnungen. Von da fließt er wieder zurück zum Kraftwerk. Das ist der Hauptstromkreis.

Unsere Steckdosen in den Wohnungen sind mit dem Hauptstromkreis verbunden. Wenn wir jetzt den Stecker in die Steckdose stecken und ein elektrisches Gerät einschalten, kann der elektrische Strom fließen:

zur Lampe – und wir haben Licht,
zum Radio – und wir hören Musik.

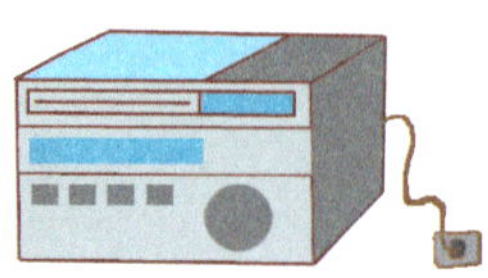

Arbeitsaufgaben

1 Lies den 1. Abschnitt und ordne den Bildern die entsprechende Aussage zu.

Wir drehen

Wir z

wir d

2 Du weißt jetzt sicher, wie die abgebildeten Gegenstände heißen. Schreibe unter die Abbildung.

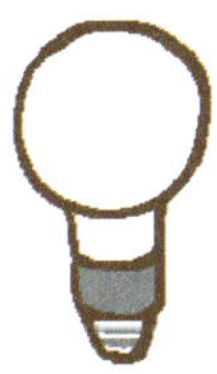

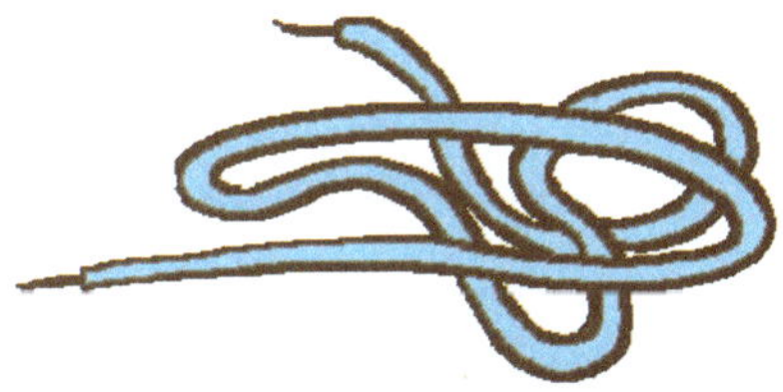

die

die

der

3 Schreibe die richtigen Begriffe zu der Zeichnung.

Stromquelle
Stromleiter
Stromverbraucher
Glühbirne
Draht
Batterie

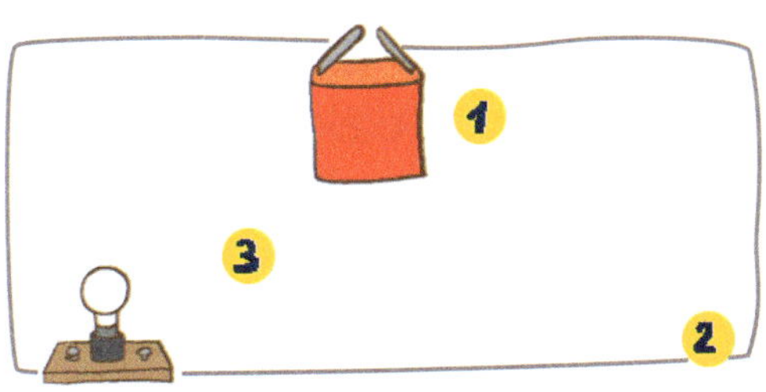

1

2

3

Arbeitsaufgaben

4 **Weshalb leuchtet die Glühbirne? Fülle die Lücken.**

festmachen | *zurück* | *Batterie* | *zweiten*
Stromkreis | *Glühbirne* | *fließt*

Wenn wir den __________ Draht an Batterie und Birne __________, stellen wir einen Kreislauf her. Die Elektrizität __________ von der Batterie durch den einen Draht, dann durch die __________ und wieder __________ durch den anderen Draht zur __________. Diesen Kreislauf nennen wir einen __________.

5 **Wie nennen wir fließende Elektrizität? Suche die Antwort im Text, unterstreiche und schreibe den ganzen Satz heraus.**

6 **Du weißt jetzt, dass Häuser und Wohnungen an einem großen Stromkreis hängen. Erläutere, wie der Hauptstromkreis fließt. Diese Wörter helfen dir dabei:**

Kraftwerk | *dicke Kabel* | *dünne Kabel* | *Häuser* | *Kraftwerk*

7 **Was hast du gelesen? Kreuze an.**

Buch-auszug	Gedicht	Erzählung	Märchen/ Fabel	Jugend-literatur	Zeitungs-artikel	Sachtext

Spinnen (Araneae)

Das gefräßigste Tier im Vergleich zu allen Lebewesen ist die Spinne. Es gibt kein Tier auf der Welt, das wie die Spinne täglich das 26- bis 30-fache ihres eigenen Körpergewichts als Nahrung braucht.

Die größte Spinne ist die Vogelspinne. Sie erreicht eine Länge von 11 Zentimetern. Vogelspinnen leben in allen warmen Ländern.

Die kleinsten Spinnen sind die Zwergspinnen. Sie werden nur 3,5 Millimeter lang. Die Vertreter dieser Gruppe sorgen für den „Altweibersommer“: Sie spinnen einen Faden, klammern sich daran fest und fliegen auf diesen Fäden durch die Luft. Die Zwergspinnen sind mithilfe ihrer leichten und flugfähigen Fäden sogar in der Lage, Ozeane zu überqueren.

Die mustigste Spinne ist die Vogelspinne. Sie greift Ratten, Kröten, Vögel, Fledermäuse und sogar Schlangen an. Der Wissenschaftler Krumm-Held beobachtete in Mexico, wie eine Vogelspinne sich von einem Baum auf den Boden hinabließ und eine schlafende Klapperschlange in den Kopf biss. Danach eilte sie wieder am Stamm hoch und wartete. Die Klapperschlange war nach 60 Sekunden tot.

Die giftigste Spinne ist die „Schwarze Witwe“. Zwar verfügen Männchen und Weibchen dieser Spinnenart über Drüsen, die ein starkes Nervengift enthalten. Jedoch nur ein Biss des Weibchens – es ist etwa erbsengroß – ist für kleine Säugetiere tödlich und für Menschen lebensgefährlich.

Die schnellste Spinne dürfte eine langbeinige helle Walzenspinnart aus dem Nahen Osten und aus den afrikanischen Wüsten sein. Sie erreicht 16 km/h Geschwindigkeit.

Das größte Nest und zugleich auch das haltbarste spinnt die Nephila. Ihre Netze haben einen Durchmesser von 1,80 bis 2,80 Meter. Die Nephila selbst ist 15 bis 18 Millimeter groß.

Die geschicktesten Jäger sind die Lassospinnen, von denen jeweils einige Arten in Australien, in Amerika und in Afrika leben. Sie spinnen kein Netz, sondern nur einen einzigen Faden, an dessen unterem Ende viele kleine Speicheltröpfchen hängen.

Der beste Fischer unter den Spinnen ist eine argentinische Spinnenart. Sie webt an der Wasseroberfläche ein trichtenförmiges Netz, besonders kurz vor Regenfällen. Dieses Netz wird auf Steinen im Fluss ausgelegt und befestigt. Im steigenden Wasser taucht das Netz unter. Kaulquappen, oft sogar kleine Fische verfangen sich darin. Die Spinne holt das Netz ein und frisst den Fang.

Die beste Tarnung unter den Spinnen hat die Falltürspinne. Die Spinne lebt auf dem Boden und baut eine Höhle, die mit einem Deckel versehen ist. Dieser wird von der Spinne mit Scharnieren an einer Seite des Höhleneingangs befestigt. Der Deckel ist so getarnt, dass man ihn von der Umgebung nicht unterscheiden kann. Nachts lüftet die Spinne den Deckel und kommt heraus. Ein nichtsahndendes Opfer wird gepackt und in die Höhle geschleppt. Bevor sich die Spinne jedoch ans Fressen macht, schließt sie sorgfältig die Falltür.

Als einzige unter Wasser lebt die Wasserspinne. Sie führt einen Luftvorrat in Form kleiner Bläschen mit, die auf dem Hinterleib silbrig glänzen. Ihr Unterwasserhaus ist ein kleiner Luftballon, den sie durch Luftzufuhr unter Wasser bildet. Diese Luftblase hat einen Durchmesser von 3 Zentimetern.

Arbeitsaufgaben

1 **Lies den Text.**
Wie viel hast du schon verstanden? Markiere deinen Standort.

- alles
- viel
- mittel
- etwas
- nichts

2 **Löse das Kreuzworträtsel.**

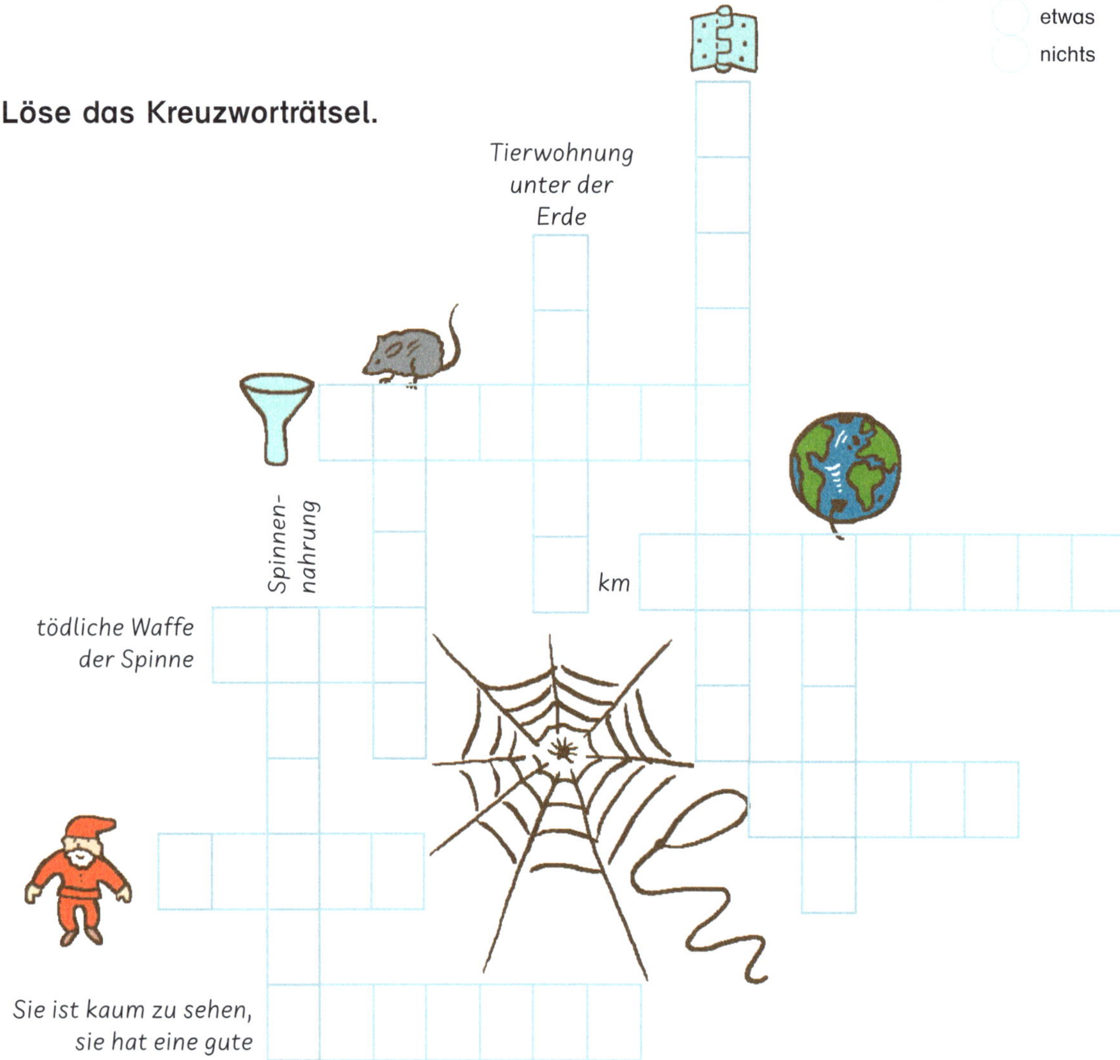

3 **Beschrifte die Körperteile.**

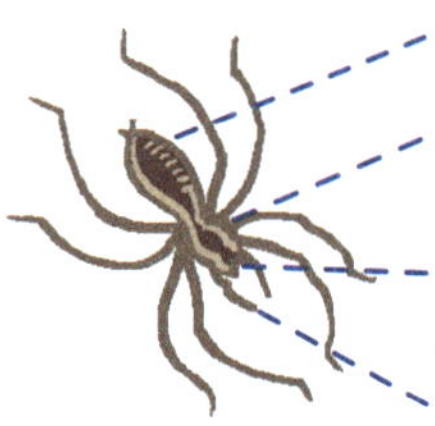
Hausspinne

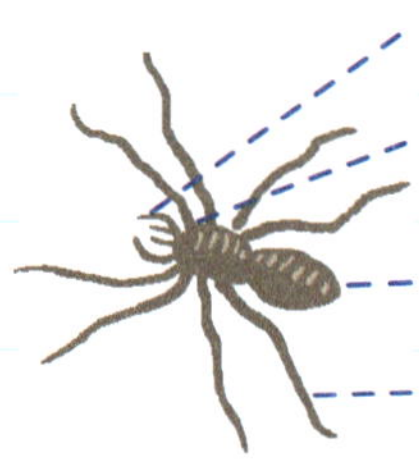
Wolfsspinne

4 **Suche in den fett gedruckten Überschriften im Text die Wörter heraus, die Eigenschaften der Spinne benennen. Unterstreiche sie.**

giftigste beste größte gefräßigste geschickteste
kleinste schnellste mutigste einzige

5 **Suche noch mehr Adjektive (Eigenschaftswörter) im Text und markiere sie farbig.**

Arbeitsaufgaben

6 **Trage die Adjektive (Eigenschaftswörter) aus dem Text in die Tabelle ein.**

groß	größer	
klein	kleiner	
mutig	mutiger	
gefräßig	gefräßiger	
giftig		
schnell		
geschickt		
gut	besser	
einzig		

7 **Stelle eine weitere Tabelle mit anderen Adjektiven aus den Lexikonartikeln her.**

8 **Richtig oder falsch? Kreuze an!**

	richtig	falsch
Die Spinne ist das gefräßigste Tier von allen.		
Die größte Spinne ist die Falltürspinne.		
Die einzige Spinne, die unter Wasser lebt, ist die Nephila.		
Die kleinsten Spinnen werden nur 3,5 mm lang.		
Die geschicktesten Jäger sind die Lassospinnen.		
Die schnellste Spinne läuft 20 km in der Stunde.		

9 **Denk dir ein Quiz zum Thema Spinnen aus.**
Wie viele Beine hat die Spinne? Gibt es Spinnen, die …?

10 **Jedes Jahr gibt es ein neues Guiness-Buch der Rekorde. Du findest es in der Bücherei. Suche heraus: z. B.:** Welches ist das schnellste Tier? Welches ist das langsamste Tier? Wie groß ist der größte Mensch? Wie groß ist der kleinste Mensch?

11 **Was hast du gelesen? Kreuze an.**

Buch-auszug	*Gedicht*	*Erzählung*	*Märchen/ Fabel*	*Jugend-literatur*	*Zeitungs-artikel*	*Sachtext*

Geschichte, leider ohne Ende

Susanne Kilian

Sie fängt in der „guten alten“ Zeit an. Was nicht heißen soll, dass die „gute alte“ Zeit wirklich gut war. Und was schon gar nicht heißen soll, dass die heutige Zeit besser wäre oder schlechter. Wie du sehen wirst.

Damals gab es noch Pferdedroschken. Man backte mit zwanzig Eiern einen Kuchen. Hausmusik wurde gepflegt. Die Frauen trugen im Sommer wie Winter bodenlange Röcke.

Da lebte Klein Adelheid, ein wohlerzogenes Mädchen. Der Name tut nichts zur Sache. Wie schon gesagt, Klein Adelheid war wohlerzogen. Wenn sie aber einmal ungezogen war, dann kriegte sie mit dem Stock den Hintern versohlt. Und wenn sie weinte, sagte ihre Mutter: „Adelheid, das hat meine Mutter schon so mit mir gemacht, wenn ich ungezogen war.

Es hat mir nicht geschadet. Und dir wird es auch nicht schaden.

Sei wohlerzogen und artig. Merk dir das! Sonst kriegst du Prügel!“

Klein Adelheid merkte es sich gut.
Die Zeit ging dahin.

Aus Klein Adelheid wurde eine erwachsene Adelheid.

Die ersten Autos fuhren durch die Straßen. Man tanzte Shimmy.

Im Kintotipp liefen die ersten Filme. Und die Rocksäume der Frauen hatten oft auch Fransen. Wie viele andere Mädchen damals hieß Adelheids Tochter Marlene. Sie war ein braves kleines Mädchen, Wenn sie aber einmal nicht brav war, dann kriegte sie mit dem Stock den Hintern versohlt. Und wenn sie weinte, sagte Adelheid zu ihrer Tochter: „Marlene, das hat meine Mutter schon so mit mir gemacht, wenn ich nicht brav war. Es hat mir nicht geschadet. Und dir wird es auch nicht schaden.

Sei brav! Merk dir das! Sonst kriegst du Prügel!“

Marlene merkte es sich gut.
Die Zeit ging dahin.

Marlene wurde erwachsen.

Heute wimmeln die Straßen von Autos. Man kann das fertige Essen aus der Tiefkühltruhe holen. Fernsehen kann man. Und die Frauen tragen mal Mini, mal Maxi.

Marlenes Tochter heißt Tamara. Sie ist ein liebes, kleines Mädchen. Wenn sie aber einmal böse ist dann kriegte sie mit dem Stock den Hintern versohlt. Und wenn sie weint, sagte Marlene zu ihrer Tochter:

„Tamara, das hat meine Mutter schon so mit mir gemacht, wenn ich böse war.

Es hat mir nicht geschadet. Und dir wird es auch nicht schaden.

Sei lieb! Merk dir das! Sonst kriegst du Prügel!“

Tamara merkt es sich gut.
Die Zeit wird dahingehen.

Tamara wird erwachsen werden …

Worterklärungen:

Pferdedroschke: *Pferdewagen*

bodenlange Röcke: *Röcke bis zum Boden*

wohlerzogen: *benimmt sich gut, brav*

Hausmusik: *fast jedes Kind lernet ein Instrument zu spielen. Die Familie spielt zusammen.*

Arbeitsaufgaben

1 **Lies und höre den Text.**
Wie viel hast du schon verstanden? Markiere deinen Standort. ✕

- alles
- viel
- mittel
- etwas
- nichts

2 **Fülle die Tabelle aus.**

Drei verschiedene Zeiten

Zeiten	Verkehrsmittel	Ernährung	Unterhaltung	Kleidung
damals	*Pferde-droschken*			
dazwischen				
heute				

3 **Was wünschen sich die Eltern von den drei Mädchen?**

Sie sollen wohlerzogen sein.

Du weißt noch mehr, auch was sich Eltern von Jungen wünschen.

4 **Lies noch einmal, was in den drei Zeiten gleich geblieben ist.**
Unterstreiche im Text.

5 **Lies diese Zeitungsnotiz.**

Regierung will Schutz der Kinder verbessern!

Berlin – Prügel, Ohrfeigen und seelische Strafen sollen künftik verboten sein. Dies wollen Bundesregierung und Bundestag mit einer entsprechenden Gesetzesänderung erreichen, wie die Berliner Tageszeitung *B.Z.* berichtet. Das neue Gesetz solle auch Strafen verbieten, die „der Kinderseele wehtun – wie gezielte Missachtung, Liebesentzug, ständiges Herummäkeln, Angst machen vor bösen Geistern“, erklärte der Sprecher der Kinderkommission des Bundestages, Norbert Eimer (FDP). Durch eine Änderung des Bürgerlichen Gesetzbuches (BGB) sollen Kinder besser vor Misshandlungen durch ihre eigenen Eltern geschützt werden. „Mit dem Gesetz soll deutlich gemacht werden, dass Prügel kein Mittel zur Erziehung ist“, betonte Eimer.

Du kannst überhaupt nichts!

Missachtung
→ missachten

Bist du langweilig! Und wie du wieder aussiehst!

Kritik,
herummäkeln
→ kritisieren, nörgeln

Ich mag dich nicht mehr, weil du so böse bist!

Liebesentzug → lieblos sein

Was soll verboten werden? Unterstreiche.

Arbeitsaufgaben

6 **Das tut weh!**
Was sollte Tamara bei ihren Kindern nicht machen?

Sie sollte nicht

7 **Wie wird es Tamara machen?**
Schreibe deine Meinung.

Wird Tamara
den Stock nehmen?

Wird sie
den Kindern etwas erklären?
- Verständnis zeigen?
- den Kindern zuhören?
- den Kindern Vorschläge machen?
- den Kindern Mut machen?
- mit den Kindern Abmachungen treffen?

Mögliche Antworten:

Ich denke, ja.
Ich denke, sie wird …
Ich vermute, sie wird …
Meiner Meinung nach wird sie …

Wird sie
viele Verbote aussprechen?
- Strafen verhängen?
- den Kindern befehlen?
- Angst machen?
- immer herummäkeln?

Schreibe dazu Fragen und Antworten ins Heft.
Beispiele:

Wird sie den Stock nehmen?
Ich denke, nein.
Wird sie den Kindern nur befehlen?
Ich vermute, sie wird Abmachungen treffen.

8 **Jetzt kannst du die Geschichte weiterschreiben.**
Tamara will nicht so weitermachen.
Schreibe weiter, was Tamara sagt:

Ich werde mit meinen Kindern anders umgehen als meine Mutter und Großmutter. Ich …

Sehen

Rosemarie Künzler-Behncke

Ich sehe die Dinge, wie sie sind
Ich sah die Gefahr kommen
Du siehst Gespenster
Man konnte die Hand vor den Augen nicht sehen
Sie sieht den Himmel voller Geigen
Sie sieht weiße Mäuse
Er sieht den Tod vor Augen
Er sieht den Wald vor lauter Bäumen nicht
Er sieht seinen Weg vor sich
Ich will die Welt sehen
Ich kann ihn nicht mehr sehen
Du wirst schon sehen, wohin das führt
Er sah alles doppelt
Ich konnte mich an der herrlichen Landschaft nicht satt sehen
Er sieht alles durch eine rosarote Brille
Wir kennen uns vom Sehen
Lass dich ja nicht mehr sehen
Siehst du wohl
Bei dem Lärm vergeht einem ja Hören und Sehen
Das sieht dir ähnlich
Endlich sehe ich klar
Ich muss nach dem Rechten sehen
Und hast du nicht gesehen, war er fort
Ich sehe schwarz
Sieh da!

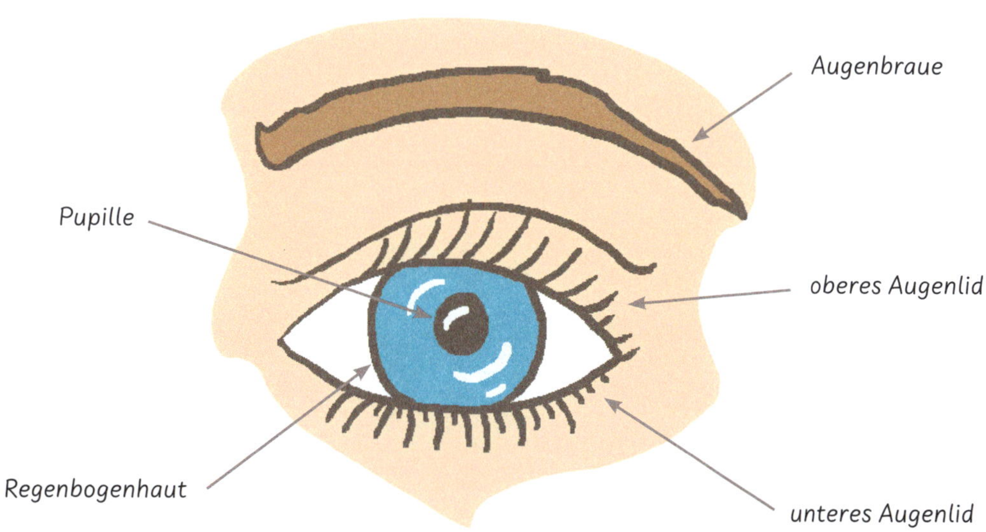

Arbeitsaufgaben

1 Lies und höre das Gedicht.
Wie viel hast du schon verstanden? Markiere deinen Standort. ✗

alles
viel
mittel
etwas
nichts

2 Das Verb (Zeitform) „sehen“ wird in diesem Gedicht in unterschiedlichen Formen verwendet.
Unterstreiche mit Farbe.

Beispiele: *sehe, sah, siehst*

3 Sehr viele Zeilen beginnen mit einem persönlichen Fürwort (Personalpronomen), z. B.: Ich, Du, Sie …

Verändere das Gedicht dadurch, dass du diese persönlichen Fürwörter in die Mehrzahl setzt.
Dadurch verändert sich aber auch die Form des Verbs.

Beispiele: *Ich sehe die Dinge …* *Wir sehen die Dinge …*
Ich sah die Gefahr … *Wir sahen die Gefahr …*

4 Im Gedicht sind zahlreiche bildhafte Redewendungen enthalten, die im Deutschen verwendet werden, um einen Text besonders anschaulich zu machen.

Ordne den folgenden Bildern eine passende Redewendung zu:

Arbeitsaufgaben

5 **Es gibt eine ganze Reihe von Wörtern mit ähnlicher Bedeutung wie „sehen".**
Überlege, ob du an einigen Stellen des Gedichtes das Verb „sehen" gegen ein anderes Zeitwort austauschen kannst.

blicken | *blinzeln* | *glotzen* | *gucken* | *schauen* | *starren*
einen Blick werfen | *bemerken* | *entdecken* | *erkennen*

Schreibe ein paar Beispiele.

6 **Ein Spiel: „Ich sehe was, was du nicht siehst"**
Es wird ausgelost, wer mit dem Spiel beginnen darf.
Dieser Spieler schaut sich im Zimmer um
und wählt einen bestimmten Gegenstand aus.
Dieser Gegenstand wird den anderen Mitspielern nur
durch die Farbe beschrieben, z. B. so:

„Ich sehe was, was du nicht siehst, und das ist blau."

Die Mitspieler müssen nun raten, welcher sichtbare
blaue Gegenstand im Raum gemeint ist.
Wer den Gegenstand zuerst errät, darf weitermachen.

7 **Ersetze jedes persönliche Fürwort durch ein anderes.**
Beachte, dass sich dadurch wieder die Form des Verbs verändern kann, nicht muss.

Beispiel: *Ich sehe die Dinge …* *Ich sah die Gefahr …*
Du siehst die Dinge … *Er sah die Gefahr …*

8 **Ein Schüler kommt zu spät zum Unterricht. Der Lehrer schimpft.**

Spiele diese Szene zusammen mit einem anderen Schüler und versuche, einige Redewendungen zu verwenden.

Beispiel:

Schlitten fahren

Das Eigenheim steht in einem Garten. Der Garten ist groß. Durch den Garten fließt ein Bach. Im Garten stehen zwei Kinder. Das eine der Kinder kann noch nicht sprechen. Das andere Kind weint. Das größere sagt: „Gib den Schlitten her.“ Das kleinere weint. Es schreit. Aus dem Haus tritt ein Mann. Er sagt: „Wer brüllt, kommt rein.“ Er geht in das Haus zurück. Die Tür fällt hinter ihm zu.

Das kleinere Kind schreit.
Der Mann erscheint wieder in der Haustür. Er sagt: „Komm rein. Na, wird's bald. Du kommst rein. Nix. Wer brüllt, kommt rein. Komm rein.“ Der Mann geht hinein. Die Tür klappt.

Das kleinere hält die Schnur des Schlittens fest. Es schluchzt. Der Mann öffnet die Haustür. Er sagt: „Du darfst Schlitten fahren, aber nicht brüllen. Wer brüllt, kommt rein.“ „Ja. Ja. Jaaa.“ „Schluss jetzt.“
Das größere Kind sagt. „Andreas will immer allein fahren.“
Der Mann sagt: „Wer brüllt, kommt rein. Ob er nun Andreas heißt oder sonstwie.“ Er macht die Tür zu.

Das größere Kind nimmt dem kleineren den Schlitten weg. Das kleinere Kind schluchzt, quietscht, jault, quengelt.
Der Mann tritt aus dem Haus. Das größere Kind gibt dem kleineren den Schlitten zurück. Das kleinere Kind setzt sich auf den Schlitten.
Es rodelt.
Der Mann sieht in den Himmel. Der Himmel ist blau. Die Sonne ist groß und rot. Es ist kalt. Der Mann pfeift laut. Er geht wieder ins Haus zurück.
Er macht die Tür hinter sich zu.

Das größere Kind ruft: „Vati, Vati, Vati, Andreas gibt den Schlitten nicht mehr her.“ Die Haustür geht auf. Der Mann steckt den Kopf heraus. er sagt: „Wer brüllt, kommt rein.“ Die Tür geht zu.

Das größere Kind ruft: „Vati, Vattivativati, Vaaatiii, jetzt ist Andreas in den Bach gefallen.“
Die Haustür öffnet sich einen Spalt breit. Eine Männerstimme ruft: „Wie oft soll ich das noch sagen, wer brüllt kommt rein.“

Helga M. Novak
1935 geboren, studierte in Leipzig, heiratete 1961 nach Island,
lebt seit 1967 in Frankfurt am Main.
Gedichte, Kurzgeschichten

Arbeitsaufgaben

1 **Lies und höre den Text.**
Wie viel hast du schon verstanden? Markiere deinen Standort. X

- ◯ alles
- ◯ viel
- ◯ mittel
- ◯ etwas
- ◯ nichts

2 **Ordne die zwei zusammengehörenden Teile einander zu:**

(1) Ein Mann brüllt.	◯ Tränen laufen über das Gesicht.
(2) Das kleine Kind weint.	◯ Andere leute sollen es hören und zu Hilfe kommen.
(3) Das kleine Kind schreit.	◯ Stoßweises Atmen.
(4) Das kleine Kind schluchzt.	◯ Alle anderen möchten sich am liebsten die Ohren zuhalten.

(1) Was bedeutet „quietschen“?	◯ Wenn einer den Mund spitzt und mit der Luft Musik macht.
(2) Was bedeutet „quengeln“?	◯ Man hört es auch, wenn ein Auto bremst.
(3) Was bedeutet „jaulen“?	◯ Wenn einer immerzu bittet und keine Ruhe gibt.
(4) Was bedeutet „pfeifen“?	◯ Man hört es auch, wenn Hunde betteln.

3 **In welcher Zeile findest du den Satz** „Es rodelt“? Zeile ______

Wer ist damit gemeint? ◯ das größere Kind ◯ der Vater ◯ das kleinere Kind

4 **Kreuze an, was der Vater oder das größere Kind deiner Meinung hätten tun sollen.**

- ◯ Andreas streicheln
- ◯ ihn spazieren tragen
- ◯ ihn allein auf dem Schlitten fahren
- ◯ ihn ins Haus bringen
- ◯ beide Kinder auf dem Schlitten fahren
- ◯ ihn schütteln
- ◯ lieb mit ihm reden
- ◯ ihn beruhigen
- ◯ ihn auf den Arm nehmen
- ◯ den Schlitten wegnehmen
- ◯ ihn anschreien

5 **Verfasse einen kurzen Zeitungsbericht zum Vorfall.**

Gestern hat sich in einem Garten Folgendes ereignet …

6 **Denk dir für die Geschichte ein Ende aus.**

7 **Was hast du gelesen? Kreuze an.**

Buch-auszug	*Gedicht*	*Erzählung*	*Märchen/ Fabel*	*Jugend-literatur*	*Zeitungs-artikel*	*Sachtext*

Das Tagebuch der Anne Frank

Das Tagebuch ist von dem jüdischen Mädchen Anne Frank geschrieben worden. Anne Frank wurde 1929 geboren und floh unter der Nazi-Herrschaft mit ihrer Familie aus Deutschland nach Holland. 1942 wurde Holland von der deutschen Wehrmacht besetzt. Als auch in Holland die Juden in Vernichtungslager geschickt wurden, versteckten sich Anne Frank und ihre Familie 2 Jahre lang im hinteren Teil eines Amsterdamer Geschäftshauses. Aber es half nichts. Anne Frank und ihre Schwester kamen 1945 im Konzentrationslager Bergen-Belsen bei Hannover um.

Samstag, 20. Juni 1942

Es ist für jemanden wie mich ein eigenartiges Gefühl, Tagebuch zu schreiben. Nicht nur, dass ich noch nie geschrieben habe, sondern ich denke auch, dass sich später keiner, weder ich noch ein anderer, für die Herzensergüsse eines dreizehnjährigen Schulmädchens interessieren wird. Aber darauf kommt es eigentlich nicht an, ich habe Lust zu schreiben und will vor allem alles Mögliche gründlich von der Seele reden.

Papier ist geduldiger als Menschen. Dieses Sprichwort fiel mir ein, als ich an einem meiner leicht melancholischen Tage gelangweilt am Tisch saß, den Kopf auf den Händen, und vor Schlaffheit nicht wusste, ob ich weggehen oder lieber zu Hause bleiben sollte, und so schließlich sitzen blieb und weitergrübelte. In der Tat, Papier ist geduldig. Und weil ich nicht die Absicht habe, dieses kartonierte Heft mit dem hochtrabenden Namen „Tagebuch“ jemals jemanden lesen zu lassen, es sei denn, ich würde irgendwann in meinem Leben „den“ Freund oder „die“ Freundin finden, ist es auch egal.

Nun bin ich bei dem Punkt angelangt, an dem die ganze Tagebuch-Idee angefangen hat: Ich habe keine Freundin. Um noch deutlicher zu sein, muss hier eine Erklärung folgen, denn niemand kann verstehen, dass ein Mädchen von dreizehn ganz allein auf der Welt steht. Das ist auch nicht wahr. Ich habe liebe Eltern und eine Schwester von sechzehn, ich habe, alle zusammengezählt, mindestens dreißig Bekannte oder was man so Freundinnen nennt. Ich habe einen Haufen Anbeter, die mir alles von den Augen ablesen und sogar, wenn's sein muss, in der Klasse versuchen, mithilfe eines zerbrochenen Taschenspiegels einen Schimmer von mir aufzufangen. Ich habe Verwandte und ein gutes Zuhause. Nein, es fehlt mir offensichtlich nichts, außer „die“ Freundin. Ich kann mit keinen von meinen Bekannten etwas anderes tun als Spaß machen, ich kann nur über alltägliche Dinge sprechen und werde nie intimer mit ihnen. Das ist der Haken. Vielleicht liegt dieser Mangel an Vertraulichkeit auch an mir. Jedenfalls ist es so, leider, und nicht zu ändern. Darum dieses Tagebuch.

Um nun die Vorstellung der ersehnten Freundin in meiner Fantasie noch zu steigern, will ich nicht einfach Tatsachen in mein Tagebuch schreiben wie alle andern, sondern ich will dieses Tagebuch die Freundin selbst sein lassen, und diese Freundin heißt *Kitty*.

Arbeitsaufgaben

1 **Lies und höre den Text.**
Wie viel hast du schon verstanden? Markiere deinen Standort. X

- ◯ alles
- ◯ viel
- ◯ mittel
- ◯ etwas
- ◯ nichts

Diese Wörter musst du kennen:

das Tagebuch:	ein Heft oder Büchlein, in das jemand seine täglichen Beobachtungen, Eindrücke und Gefühle schreibt.
die Wehrmacht:	frühere Bezeichnung für das deutsche Militär
„Herzensergüsse“:	ausführlich über die eigenen Gefühle reden oder schreiben
grübeln:	überlegen, angestrengt nachdenken

2 **Ergänze.**

Der Text ist ein Auszug aus dem ____________________

von ____________________ . Sie ist ____________ Jahre alt.

Das Mädchen beginnt mit seinen Einträgen kurz bevor sie sich mit ihrer

Familie vor der deutschen ____________________ versteckt hält.

(Siehe Einführung!)

3 **Wie fühlt sich Anne Frank, wenn sie von ihren „melanchonischen Tagen“ spricht? (Zeile 16)**
Kreuze an:

melancholisch
- ◯ beschwingt, heiter, lustig
- ◯ schwermütig, betrübt, nachdenklich
- ◯ ärgerlich, wütend, zornig

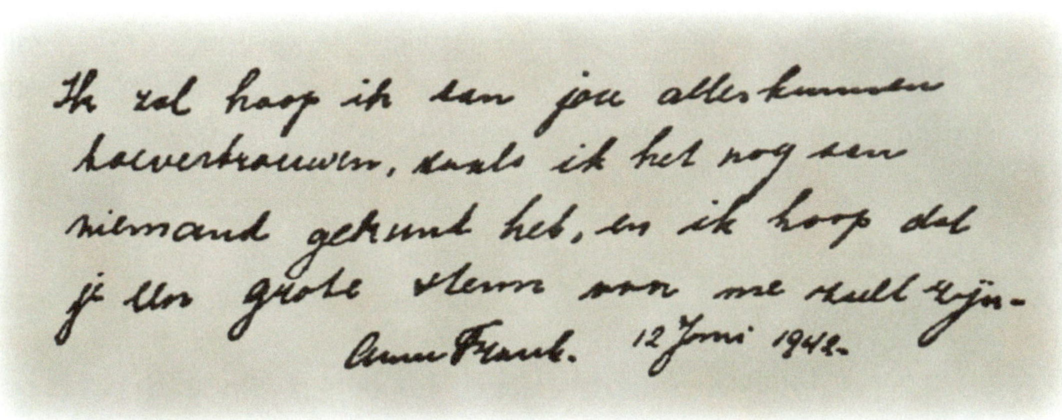

Zeilen aus Annas Tagebuch

Arbeitsaufgaben

4 **Was meint Anne, wenn sie schreibt „ich will mir vor allem alles Mögliche gründlich von der Seele reden"? (Zeilen 11 bis 13)**

Kreuze an:

sich etwas von der Seele reden

- ◯ Freunde gewinnen
- ◯ über seine Sorgen sprechen, um besser mit ihnen fertig zu werden
- ◯ Mitleid haben

5 **Obwohl Anne Frank nicht allein lebt, eine Familie und viele Verwandte und Bekannte hat, fühlt sie sich einsam.**

Schreibe die passenden Textstellen heraus! (Zeilen 49 bis 55)

6 **Zweimal schreibt Anne Frank, dass Papier geduldig sei, ja sogar geduldiger als Menschen. (Zeilen 14 und 24)**

Erkläre in einigen Sätzen, was Anne Frank damit meinen könnte! Die folgenden Ausdrücke helfen dir:

geduldiger Zuhörer

redet nicht dagegen

hat keine hohen Erwartungen

kritisiert nicht

steht immer zur Verfügung

kann warten

Annes erstes Tagebuch. Sie bekam es zu ihrem 13. Geburtstag geschenkt.

Beispiel:

Ein Tagebuch ist ein geduldiger Zuhörer.

Es …

Arbeitsaufgaben

7 **Welche Aussagen stimmen?**
Kreuze die richtigen Aussagen an.

- ◯ Anne möchte ihre Tagebuchaufzeichnungen später ihrer Schwester zeigen.
- ◯ Anne würde ihr Tagebuch einer Freundin oder einem Freund zeigen.
- ◯ Anne meint, dass viele Menschen Interesse an ihrem Tagebuch haben werden.
- ◯ Annes Mitschüler hantieren so lange mit ihren Taschenspiegeln, bis sie ein Lächeln von ihr auffangen.
- ◯ Anne hat reizende Verwandte sowie ein schönes Zuhause.

8 **Anne Frank findet selbst eine mögliche Erklärung dafür, dass sie keine echte Freundin hat.**

Schreibe den Satz heraus, wo dies deutlich wird.

Vielleicht ______________________________

____

9 **Warum gibt Anne Frank ihrem Tagebuch einen Mädchennamen?**
Versuche zu erklären.

____

____

____

____

____

____

10 **Das Tagebuch von Anne Frank ist sehr berühmt geworden.**

Wenn es dich interessiert, was sie schrieb, kannst du es dir in der Bücherei ausleihen.

11 **Was hast du gelesen? Kreuze an.**

Buch-auszug	Gedicht	Erzählung	Märchen/ Fabel	Jugend-literatur	Zeitungs-artikel	Sachtext

Als Hitler das rosa Kaninchen stahl

Judith Kerr

Die Geschichte von Anna und ihrer Familie beginnt im Jahre 1933, kurz bevor Adolf Hitler und seine Nationalsozialistische Partei die Macht ergreifen. Anna lebt zusammen mit ihrem Bruder Max, ihrer Mutter, ihrem Vater (einem berühmten jüdischen Journalisten) und dem langjährigen Haus- und Kindermädchen Hempi in Berlin.

Der Ausschnitt beginnt auf Seite 14 und ist leicht gekürzt:

… Anna … lief in Papas Zimmer, um ihn zu besuchen. Der Schreibtisch war aufgeräumt. Das Bett war ordentlich gemacht. Papa war fort. Annas erster Gedanke war so schrecklich, dass ihr Atem stockte. Papa war in der Nacht kränker geworden. Vielleicht …
Sie rannte blindlings aus dem Zimmer und Hempi direkt in die Arme.
„Es ist alles in Ordnung! Dein Vater hat eine Reise angetreten."
„Eine Reise?" Anna konnte es nicht glauben. „Aber er ist doch krank. – er hat Fieber …" „Er hat sich trotzdem entschlossen, zu verreisen", sagte Hempi bestimmt. „Deine Mutter wollte dir alles erklären, wenn du aus der Schule kommst. Ich glaube, jetzt hörst du es besser gleich." […]

Dann kam Mama aus ihrem Zimmer. Sie war noch im Morgenrock und sah müde aus. […]

„Die Sache ist ganz einfach", sagte Mama. „Papa glaubt, dass Hitler und die Nazis* die Wahlen gewinnen könnten. Wenn das geschieht, möchte er nicht mehr in Deutschland leben, solange sie an der Macht sind, und keiner von uns möchte das." „Weil wir Juden sind?", fragte Anna. „Nicht nur, weil wir Juden sind. Papa glaubt, dass dann niemand mehr sagen darf, was er denkt, und er könnte dann nicht mehr schreiben. Die Nazis wollen keine Leute, die anderer Meinung sind als sie." Mama nahm einen Schluck Kaffee und sah gleich etwas heiterer aus. „Natürlich kann es sein, dass es nicht so kommt, und wenn es so kommt, wird es wahrscheinlich nicht lange dauern – vielleicht sechs Monate oder so. Aber im Augenblick wissen wir es einfach nicht."
„Aber warum ist Papa so plötzlich weggefahren?"
„Weil ihn gestern jemand angerufen und ihn gewarnt hat, dass man ihm vielleicht den Pass wegnehmen würde. Darum habe ich ihm einen kleinen Koffer gepackt, und er hat den Nachtzug nach Prag genommen – das ist der kürzeste Weg aus Deutschland hinaus."

** Nazis: Abkürzung und Schimpfname für Nationalsozialisten*

„Wer könnte ihm denn seinen Pass wegnehmen?“ „Die Polizei. In der Polizei gibt es ziemlich viele Nazis.“ „Und wer hat angerufen und ihn gewarnt?“ Mama lächelte zum ersten Mal. „Auch ein Polizist. Einer, den Papa nie getroffen hat; einer, der seine Bücher gelesen hat und dem sie gefallen haben.“ Anna und Max brauchten einige Zeit, um all' das zu verdauen. „Nun“, sagte Mama, „bis zu den Wahlen sind es nur noch zehn Tage. Entweder die Nazis verlieren, dann kommt Papa zurück – oder sie gewinnen, dann fahren wir zu ihm.“ „Nach Prag?“, fragte Max. „Nein, wahrscheinlich in die Schweiz. Dort spricht man Deutsch. Papa könnte dort schreiben. Wir würden wahrscheinlich ein Haus mieten und dort bleiben, bis alles vorbei ist.“ […]

Doch dann ging alles sehr schnell. Innerhalb von einer Woche wollten Anna, Max und ihre Mutter Deutschland verlassen, da sie befürchteten, dass auch ihnen die Pässe weggenommen werden würden. Dann könnten sie nicht mehr aus Deutschland hinaus.

… Am schwierigsten fiel es ihnen, zu entscheiden, was von den Spielsachen mitgenommen werden sollte. Sie wollten natürlich die Spielesammlung mitnehmen, aber sie war zu groß. Am Ende blieb nur der Platz für ein paar Bücher und eines von Annas Stofftieren. Sollte sie sich für das rosa Kaninchen entscheiden, das ihr Spielgefährte gewesen war, solange sie sich erinnern konnte, oder für ein neues wolliges Hündchen?

Arbeitsaufgaben

1 **Lies und höre die Geschichte.**
Wie viel hast du schon verstanden? Markiere deinen Standort.

- alles
- viel
- mittel
- etwas
- nichts

2 **Dieser Text ist aus einem Jugendbuch, in dem das Mädchen Anna die Hauptperson ist. Lies nochmals den Vorspann und beantworte folgende Fragen:**

a) In welchem Jahr beginnt die Geschichte? ______

b) Welches politische Ereignis findet statt?

______

c) Mit welchen Personen lebt Anna zusammen?

______

Arbeitsaufgaben

3 **Was sieht Anna, als sie in Vaters Zimmer kommt?**
Lies die Zeilen 1 bis 3 und fülle die Lücken.

Der Schreibtisch ist ______________, das ______________ ist ordentlich gemacht. ______________ ist fort.

4 **In den Zeilen 4 und 5 wird erzählt, dass Anna einen schrecklichen Gedanken hat. Was könnte sie befürchten?**
Schreibe den Satz zu Ende:

Vielleicht ______________

____

5 **Kreuze die richtigen Aussagen an. (Zeilen 7 und 8)**

Anna kann nicht glauben, dass ihr Vater verreist ist,

- ○ weil er sich nicht verabschiedet hat,
- ○ weil er sie immer auf Reisen mitnimmt,
- ○ weil er krank ist und Fieber hat.

6 **Es gibt mehrere Gründe, weshalb der Vater nicht in Deutschland bleiben kann. Unterstreiche im Text und schreibe heraus. (Zeilen 14 bis 21)**

Warum geht er?

Weil ______________

____

____

____

____

7 **Annas Vater ist Journalist. er schreibt also Artikel in Zeitungen und Zeitschriften. In den Zeilen 18 bis 20 wird befürchtet, dass er nicht mehr schreiben kann, was er denkt.**

Überlege, welche Bedeutung das für ihn haben könnte, und schreibe einige Sätze dazu auf.

____

____

____

____

____

Arbeitsaufgaben

8 **In den Zeilen 24 bis 29 erzählt die Mutter Genaueres über die schnelle Abreise des Vaters.**

Welche Sätze passen zusammen? Verbinde sie mit einem Strich.

Der Vater ist plötzlich weggefahren,	weil dies der kürzeste Weg aus Deutschland hinaus ist.
Der Vater wurde angerufen und davor gewarnt,	weil ihn jemand telefonisch gewarnt hat.
Der Vater ist nach Prag gefahren,	damit er so schnell wie möglich aus Deutschland hinauskommt.
Der Vater hat noch den Nachtzug genommen,	dass man ihm den Pass wegnehmen könnte.

9 **Die Polizei ist für die Familie eine Bedrohung und doch auch eine Hilfe. Kannst du diesen Widerspruch aufklären? (Zeilen 30 bis 34)**

10 **Die Familie möchte natürlich wieder zusammen sein. Welche Pläne hat sie? Lies die Zeilen 35 bis 37 und ergänze die Sätze.**

Wenn die Nazis die Wahlen gewinnen,

Wenn die Nazis die Wahl verlieren,

11 **Suche folgende Stellen im Text und unterstreiche sie:**

„vielleicht sechs Monate oder so“ (Zeile 24)

„wir würden … dort bleiben, bis alles vorbei ist“ (Zeilen 38 und 40)

Was bedeuten diese Aussagen? Kreuze an.

	richtig	falsch
Die Familie glaubt, dass Hitler und die Nazis nicht lange an der Macht bleiben werden.		
Die Familie ist überzeugt, dass sie nur vorübergehend aus Deutschland weggehen muss.		
Die Familie weiß, dass sie nie mehr zurückkehren kann.		

Arbeitsaufgaben

12 **Lies nochmals den letzten Abschnitt! Anna kann nur ein Stofftier mitnehmen. Sie muss sich entscheiden. Was überlegt sie? Ergänze die Sätze!**

Ich nehme das rosa Kaninchen mit, weil

Ich nehme das Hündchen mit, weil

13 **Stell dir vor, Anna erzählt später einer Freundin von ihrer schwierigen Entscheidung. Erzähle aus ihrer Sicht die Situation von Zeile 46 bis 51!**

Ich musste mich entscheiden, ob

14 **Die Autorin dieses Jugendromanes, Judith Kerr, wurde 1923 als Tochter eines bekannten Theaterkritikers in Berlin geboren.
Während des Dritten Reiches musste sie auswandern.
Was haben das Mädchen Anna und die Autorin des Buches gemeinsam?**

15 **Wenn du erfahren möchtest, wie die Geschichte mit Anna und ihrer Familie weitergeht, solltest du dir das Taschenbuch kaufen oder ausleihen.
Es lohnt sich!**

16 **Was hast du gelesen? Kreuze an.**

Buch-auszug	Gedicht	Erzählung	Märchen/ Fabel	Jugend-literatur	Zeitungs-artikel	Sachtext

Der Rauch

Bertolt Brecht

Das kleine Haus unter Bäumen am See.
Vom Dach steigt Rauch.
Fehlte er,
wie trostlos dann wären
Haus, Bäume und See.

Arbeitsaufgaben

1 **Lies und höre das Gedicht.**
Wie viel hast du schon verstanden? Markiere deinen Standort.

- alles
- viel
- mittel
- etwas
- nichts

2 **Was fällt dir zu dem Foto ein?**

einsames Haus

3 **Das Haus im Gedicht und das auf dem Foto unterscheiden sich.**
Kreuze die richtige Antwort an:

Im Gedicht ist es so:
- Auf dem Dach liegt Schnee.
- Vom Dach steigt Rauch.
- Das Dach ist neu.

4 **Ordne die Zeilen des Gedichts den Bildern richtig zu.**

fehlte er =

wenn er fehlen würde

5 **So kannst du „fehlte" verstehen:**

Wenn Aylin nicht in der Schule wäre, müsste sie sich entschuldigen.
↳ Fehlte Aylin in der Schule, müsste sie sich entschuldigen.

Wenn wir kein Feuer hätten, wäre es kalt.
↳ Fehlte das Feuer, wäre es kalt.

Wenn kein Rauch aufsteigen würde, wären Haus, Bäume und See trostlos.

________ der Rauch, wären ________

________ trostlos.

6 **Was bedeutet in diesem Gedicht für den Autor ein Haus ohne Rauch?**
Kreuze die passenden Adjektive (Eigenschaftswörter) an!

lebendig	freundlich	trostlos	kalt
einladend	einsam	abweisend	warm

Arbeitsaufgaben

7 Der Rauch fehlt. Woran denkst du dabei? Kreuze an, was du meinst.

	Das finde ich passend:	Das stimmt weniger:
Das Haus ist einsam.		
Das Haus sieht verlassen aus.		
Da leben keine Menschen.		
Die Leute machen einen Ausflug.		
Die Bewohner wollen nicht heizen.		
Menschen und Tiere fehlen.		
Ein Haus ohne Rauch ist traurig.		
Ein Haus mit Rauch gefällt mir besser.		

8 Ordne die folgenden Zeilen so, dass ein neues Gedicht entsteht.

( ) Fehlte es,
( ) Man hört das Geschrei der Kinder.
( ) wie verlassen wären dann
(1) Der Spielplatz zwischen den Häusern in der Stadt.
( ) Spielplatz, Häuser und Stadt

9 Schreibe das Gedicht nun in der richtigen Reihenfolge auf! Denke dir eine Überschrift aus.

10 Stelle dir vor!
Du bist auf einer langen Reise. Zu Fuß gehst du über Wiesen, Felder und durch Wälder. Seit Tagen hast du niemanden gesehen.
Du bist einsam, hast Hunger und Durst. Das kleine Haus unter den Bäumen am See taucht vor deinen Augen auf.
Vom Dach steigt Rauch.

Was denkst du jetzt? Was wünschst du dir? Welche Fragen stellst du dir?

Bertolt Brecht

11 So steht es im Lexikon:
Bertolt Brecht ist ein bedeutender deutscher Dichter.
Recherchiere über ihn im Internet.

a) Wann wurde er geboren? ______

b) Wann starb er? ______

c) An welchen Orten lebte er? ______

d) Er war auch ein Dramatiker, das heißt, er schrieb Bühnenstücke.

Nenne eines. ______

Wie geht's?

Interview: Gudrun Thiel

Ein Anruf bei Ronald Warwick, 50. Der Engländer durchquert als Kapitän der „Queen Elizabeth II" gerade den Atlantik

Was sehen Sie gerade, ist Land in Sicht?
Nur Wasser. Kein anderes Schiff. Keine Insel. Weit und breit nichts als Wasser.

Wie viele Leute sind an Bord?
1300 Passagiere und 1022 Crew-Mitglieder.

Wie sind Sie zu Ihrem Beruf gekommen?
Ich wollte schon als Junge Kapitän werden. Mit 17 habe ich angefangen mit der Seefahrt, mit 26 mein Patent gemacht, und seit zehn Jahren bin ich mit der „Queen Elizabeth II" unterwegs.

Sie sind ja viel herumgekommen. Wo finden Sie es denn am schönsten?
Das meiste von der Welt habe ich tatsächlich gesehen. Am besten gefällt es mir überall da, wo es warm ist. Zum Beispiel in der Karibik oder in Mittelamerika. Da lässt es sich aushalten.

Wie viele Menschen sitzen abends an Ihrem Tisch?
Acht bis zehn. Ich habe aber noch einen weiteren Tisch im anderen Restaurant, da spaziere ich dann hin und her.

Was gab es gestern zu essen?
Erst Räucherlachs und Kaviar, dann Selleriesuppe, Filet mit Broccolisauce und als Nachspeise Schokoladenmousse. Hat großartig geschmeckt.

Da befinden sich doch bestimmt viele schöne Frauen an Bord – sind die alle hinter Ihnen her oder gibt es das nur im Fernsehen?
Ich habe schon eine schöne Frau, und zwar meine eigene. Kim heißt sie, und neben ihr kann keine Konkurrenz aufkommen.

Ach so, Ihre Frau ist bei Ihnen auf dem Schiff. Durften die Kinder auch schon mal mit?
Ja, früher, als sie jünger waren. Inzwischen sind sie erwachsen, mein Sohn ist 23 und Computerfachmann. Die Tochter ist ein Jahr jünger und studiert Jura.

Haben Sie ein Maskottchen an Bord?
Früher hat man das gehabt, Katzen oder so … Heute sind wir nicht mehr abergläubisch.

Woran denken Sie vor dem Einschlafen?
Ich denke immer voraus. Was morgen erledigt werden muss und solche Sachen.

Wie reagieren Sie, wenn jemand Müll ins Wasser wirft?
Da werde ich sehr böse. Wenn es jemand von der Mannschaft war, muss der Mann das Schiff verlassen.

Doch hoffentlich nicht sofort?
Nein, ihm wird gekündigt. Den Passagieren erklären wir zu Beginn der Reise die Regeln. Wenn jemand dagegen verstößt, weisen wir noch mal auf die Bestimmungen hin.

Haben Sie auch eine Aufgabe an Bord, die Sie nicht so richtig mögen?
Nein, nein, da gibt es nichts! Alles macht Spaß, jede Einzelheit. Nur tagelang schlechtes Wetter geht mir auf die Nerven.

Wie sieht es denn im Moment aus?
Gestern war es ganz schön rau. Heute ist es eher ruhig, der Himmel bewölkt, ab und zu gibt es Regenschauer. Das Schiff liegt gut.

Sind auf diesem Trip viele Passagiere seekrank geworden?
Ja, schon einige, Aber das ist ja alles nicht so schlimm. Dafür gibt es Tabletten, die wirken ziemlich schnell, und ein paar Stunden später fühlt man sich wieder wohl und kann die Reise genießen.

Was passiert bei schweren Krankheitsfällen?
Wir haben zwei Ärzte und drei Krankenschwestern an Bord. Die können Notfälle wie Herzattacken oder Blinddarmentzündungen behandeln. Hatten wir alles schon. Vor fünf Jahren sogar eine Geburt, da hatte sich die Frau verrechnet.

Wie lange bleiben Sie in New York, wenn Sie übermorgen dort ankommen?
New York sehe ich nur von der Brücke. Morgens um sieben legen wir an und um drei Uhr nachmittags geht's schon wieder weiter nach Baltimore. Da nehmen wir Passagiere auf und fahren in Richtung Karibik.

Was macht so ein Weltmeer-Reisender wie Sie in den Ferien?
Ich entspanne, lasse es mir gut gehen, schalte ab und schreibe ein bisschen.

Was zum Beispiel?
Die Geschichte der „Queen Elizabeth II".

Arbeitsaufgaben

- ○ alles
- ○ viel
- ○ mittel
- ○ etwas
- ○ nichts

1 **Lies den Text.**
Wie viel hast du schon verstanden? Markiere deinen Standort. ╳

2 **Durch die Fragen im Interview erfährst du viel über den Kapitän.**

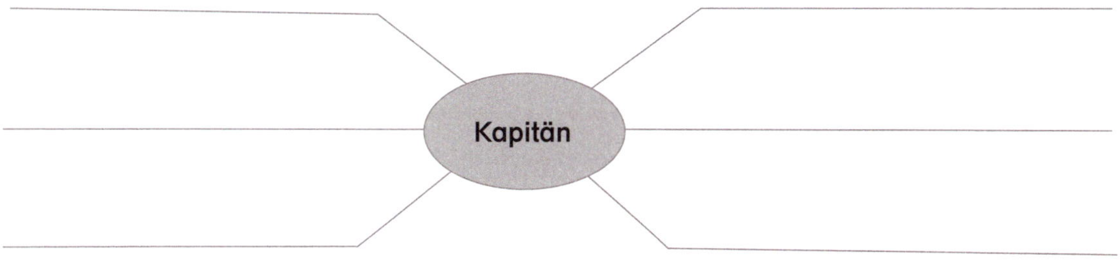

3 **Du kannst fünf der Fragen unverändert übernehmen und damit auch andere Personen befragen, z. B. deine Lehrerin oder deinen Lehrer.**

4 **Wie würdest du in einem Interview mit deiner Lehrerin/deinem Lehrer die folgenden Fragen verändern?**

Wie reagieren Sie, wenn jemand Müll ins Wasser wirft?

Haben Sie auch eine Aufgabe an Bord, die Sie nicht so richtig mögen?

Was macht so ein Weltmeer-Reisender wie Sie in den Ferien?

5 **Welche Fragen würdest du ergänzen?**
(Hobbys, Lesen, Freizeit, Fernsehen, Kino, einsame Insel ...)

6 **Schreibe ein Interview mit einer Person deiner Wahl auf.**

Aus der Frankfurter Allgemeinen Sonntagszeitung:

Am 19. September 1991 entdeckten Wanderer in den Ötztaler Alpen einen Leichnam, der heute als „Ötzi“ bekannt ist: Die gut erhaltene Gletschermumie eines Mannes, der vor rund 5300 Jahren lebte – und der unter anderem ein Kupferbeil bei sich trug, als er vermutlich mit Mitte 40 einer Pfeilverletzung erlag.
In den 25 Jahren seit der Entdeckung konnten Archäologen und Paläogenetiker einige Details seiner Lebens-und Todesumstände klären; in Bozen widmet man sich an einem eigenen Institut der Erforschung. So bestand seine letzte Mahlzeit aus Hirsch, Steinbock nebst Getreide und Adlerfarn.
Auf der ISBA 7-Konferenz in Oxford präsentierte das Bozener Team vergangene Woche weitere Hinweise: Ötzi verzehrte das Fleisch roh. Oder luftgetrocknet. Jedenfalls war es weder gekocht noch gegrillt.

Arbeitsaufgaben

◯ alles
◯ viel
◯ mittel
◯ etwas
◯ nichts

1 Lies den Text.
Wie viel hast du schon verstanden? Markiere deinen Standort.

2 Finde die passenden Wörter im Text und schreibe die richtigen Nummern in die Kästchen.

3 = ein Werkzeug aus Kupfer
7 = Vergangenheit von tragen
12 = sieht noch gut aus
9 = ein Toter
17 = finden
1 = ein gut erhaltener Toter im Eis
15 = Einzelheiten
14 = Menschen, die wandern
9 = wahrscheinlich
10 = Altertumsforscher
2 = sich um etwas kümmern
16 = Wunde durch einen Pfeil
4 – nicht gekocht und nicht gebraten
11 = diese Forscher untersuchen Funde von Menschen aus alter Zeit
3 = eine Pflanze
5 = Essen
6 = über Feuer braten
8 = an der Luft getrocknet, zum Beispiel Schinken, Salami

Kalte Kost

Am 19. September 1991 entdeckten (17) Wanderer ◯ in den Ötztaler Alpen einen Leichnam ◯, der heute als „Ötzi“ bekannt ist:
Die gut erhaltene ◯ Gletschermumie ◯ eines Mannes, der vor rund 5300 Jahren lebte – und der unter anderem ein Kupferbeil ◯ bei sich trug ◯, als er vermutlich ◯ mit Mitte 40 einer Pfeilverletzung ◯ erlag.
In den 25 Jahren seit der Entdeckung konnten Archäologen ◯ und Paläogenetiker ◯ einige Details ◯ seiner Lebens-und Todesumstände klären; in Bozen widmet man sich ◯ an einem eigenen Institut der Erforschung. So bestand seine letzte Mahlzeit ◯ aus Hirsch, Steinbock nebst Getreide und Adlerfarn. ◯
Auf der ISBA 7-Konferenz in Oxford präsentierte das Bozener Team vergangene Woche weitere Hinweise: Ötzi verzehrte das Fleisch roh. ◯ Oder luftgetrocknet. ◯ Jedenfalls war es weder gekocht noch gegrillt. ◯

Arbeitsaufgaben

3 **Suche diese Wörter im Wörterbuch und schreibe auf, wie sie in deiner Sprache heißen.**

wandern:

Institut:

Getreide:

4 **Recherchiere im Internet die folgenden Begriffe und schreibe etwas dazu auf:**

Alpen:

Adlerfarn:

Steinbock:

Hirsch:

5 **Was haben die Wanderer wohl gesagt, als sie den Leichnam entdeckten?**

6 **Verfasse einen kleinen Krimi zu dem Fund von Ötzi.**

Arbeitsaufgaben

7 Kreuzworträtsel

Waagerecht

2. Fleisch über dem Feuer braten
4. eine Pflanze, die Ötzi gegessen hat
6. Menschen, die wandern
8. wahrscheinlich
9. nicht gekocht und nicht gebraten
10. ein Tier mit langen Hörnern, das in den Bergen lebt

Senkrecht

1. Einzelheiten
3. finden
5. ein großes braunes Tier, das im Wald lebt
7. ein Toter
11. Vergangenheit von tragen

8 **Erstelle einen Steckbrief zu Ötzi und schreibe auf, was du alles über ihn weißt. Wer ist Ötzi? Wie alt ist Ötzi geworden? Wann hat er gelebt? Woran ist er gestorben? Was hat er gegessen?**

9 **Recherchiere im Internet nach Ötzi, dem Mann aus dem Eis. Gestalte ein Informationsplakat.**

10 **Was hast du gelesen? Kreuze an.**

Buchauszug	*Gedicht*	*Erzählung*	*Märchen/ Fabel*	*Jugendliteratur*	*Zeitungsartikel*	*Sachtext*

Michael Bewerunge

Werner M. – Abenteuer-Koch

Gibt es ein Leben nach dem Kochtopf[1]? Die Frage nach der Welt hinter der Fritteuse[2] und Dunstabzugshaube[3] hat den Münchner Werner M. schon früh beschäftigt. Bereits den 18-Jährigen, der sich gerade den ersten Löffel als Kochgeselle verdient hatte, drängte es mit Macht von den Bergen zu neuen Ufern: Zwei Jahre zur Marine, freiwillig. „Auf die Gorch Fock[4] gehen und um die Welt fahren, so hatte ich mir das vorgestellt.“ Doch die Fahrt mit dem Traumschiff endete vorzeitig in den Großküchen der Bundeswehr, statt Rio, Frisco und Schanghai sah M. die Bratpfannen[5] von Kiel, Glückstadt und Bonn. Nach der Bundeswehr ging es Schlag auf Schlag: Wandern in Norwegen, Kanu[6] fahren in Kanada und Alaska, mit dem Motorrad durch Amerika. Natur erleben. „Hotelurlaub kam nicht in Frage.“

1985, bei seiner ersten Expedition hat ihn ein Veranstalter von Erlebnisreisen unter freiem Himmel angesprochen. Ob er nicht Lust habe als Koch Abenteuerurlaub zu machen. M. hatte – und war fortan Küchenchef einer Reise ins Land der rauchenden Colts. Seitdem sorgt er zweimal jährlich in seinem Urlaub dafür, dass die Teilnehmer ihre Kraftnahrung bekommen, wenn die in den Canyons[7] im Südwesten der USA auf Abenteuersuche gehen.

In diesem Jahr waren 45 abenteuerhungrige Menschen zu sättigen. „Das ist gut zu machen“, sagte Maitre Werner mit einer wegwerfenden Handbewegung. „Gut zu machen“, das heißt für ihn: halb sechs aufstehen, 45-mal Rührei, Weichbrot made in USA, Wurst, Marmelade und Kaffee bereitstellen. Gegen acht sind die Teilnehmer weg, dann alles wieder einpacken, Wasserkanister[8] und den ganzen anderen Küchenkram. Einkaufen (falls in der Wüste möglich) und schnell weiter, denn das Lager muss viele Meilen weit wieder aufgebaut sein, bevor die Teilnehmer eintreffen.

Inzwischen ist es wohlige 45 Grad. Ehe die ersten vertrockneten Gestalten eintrudeln, hat der Wüstenkoch schon Chips und Dips angerichtet. Eistee gekühlt und Weinschorle gemixt. Jetzt sind nur noch die 60 Steaks und ebenso viele Maiskolben[9] zu braten. Gegen halb elf nachts, während die anderen noch bei einem Bier am Lagerfeuer schwatzen, geht Werner M. schlafen. Geschirr muss jeder selbst abwaschen. Alles in allem „gut zu machen“ also.

Die Campgemeinschaft in der Wüste ist halt so etwas wie eine große Familie, da hat er Erfahrung.

„Ich bin sehr kinderlieb“, sagt der Mann, der keine eigenen Kinder hat. Auch verheiratet ist er nicht. Kinderlos ist er freilich nicht. In Unterschleißheim muss er gleich 180 Kinder ernähren. Im Hauptberuf versorgt der Abenteurkoch die Kinder einer Schule für Sehbehinderte[10] mit dem täglichen Brot.

Der Job ist nicht immer einfach. Einige Kinder sind aufgrund ihrer Behinderung schwierig. „Wenn die eine Kanne Milch umschütten, dann darf man nicht gleich ausrasten.“ Und doch hat er sich sein Arbeitsfeld selbst ausgesucht. „Bei der Grundsteinlegung der Schule habe ich gedacht: Wenn die fertig ist, dann gehst du da hin.“

Bereut hat er diesen Schritt nie. „Meine Arbeit für die Kinder hier ist eine Sache, die mich ganz ausfüllt.“

Mit einer Einschränkung. Aber dafür bleibt ihm ja sein Urlaubsjob. Nächstes Jahr wieder mit neuen Zutaten.

⑦ *Canyon: enges, tief eingeschnittenes Tal*

⑩ *Sehbehinderte: Menschen, die schlecht sehen können*

Arbeitsaufgaben

1 **Lies den Text.**
Wie viel hast du schon verstanden? Markiere deinen Standort. X

- ◯ alles
- ◯ viel
- ◯ mittel
- ◯ etwas
- ◯ nichts

2 **Hast du alles verstanden? Kreuze richtige Aussagen an.**

Werner M.
- ◯ war zwei Jahre auf einem Schiff.
- ◯ hat auch eigene Kinder.
- ◯ arbeitet im Hauptberuf als Koch an einer Schule.
- ◯ liebt Urlaube in Hotels

3 **Der Tagesplan von Werner M. ist hier durcheinander geraten.**
Bringe ihn mithilfe der Zahlen 1–6 in die richtige Reihenfolge.

4 **Wie schaut dein Tagesplan normalerweise aus?**
Schreibe einen Tagesplan für dich.
Die Satzbausteine helfen dir.

~~am Morgen~~ | *vormittags* | *mittags*
am Nachmittag | *am Abend* | *in der Nacht*

schaue ich fern | *gehe ich einkaufen* | *lerne ich* | *besuche ich die Schule* | *treibe ich Sport* | *schlafe ich* | *gehe ich nach Hause und esse* | *~~stehe ich auf und frühstücke~~* | *besuche ich …*

Beispiel:

Am Morgen stehe ich auf und frühstücke.

Typisch deutsch?

Sauerkraut und Ordnungswahn? Das Bild von Deutschland und den Deutschen, wie sieht das im Ausland aus? Jugendliche mit Migrationshintergrund, die mitgemacht haben bei einem Wettbewerb „Fremd in Deutschland", ist dazu eine Menge eingefallen. Hier einiges zum Nachdenken und Schmunzeln①:

„In Deutschland gibt es alles. Aber sie pflegen keine Nachbarschaft, keine Freundschaft und haben kein starke Familienbindung②. Dafür haben sie Technik, gute soziale Dienste③ und eine gute Wirtschaft."

Bülent Evli
16 Jahre, Türkei

„Deutschland ist ein Land, das schnell mit der Mode geht. Es gibt ja alles, was man nur haben möchte, aber es lässt keine Träumereien zu, es ist ein Land der Wirklichkeit, für einen Träumer ist kein Platz."

Susanna Zachers
18 Jahre, Rumänien

„Die Deutschen essen wirklich Wurst und Schwarzbrot – für die Engländer ist das sehr fremd. Zuerst haben viele Leute das Essen scheußlich⑤ gefunden. Wenn man an das Essen gewöhnt ist, findet man es ganz passabel⑥."

Mark Osborn
17 Jahre, England

„Dass es sich in einem verhältnismäßig reichen Land wie der Bundesrepublik auch noch lohnt, gebrauchtes Papier und andere Abfallprodukte④ zu sammeln, darüber hat mein Vater nur staunen können. Die Bewohner sammeln alles in verschiedenen Tonnen und diese werden regelmäßig abgeholt."

Grzegorz Cygan
12 Jahre, Polen

„Was mir sofort auffiel, war, dass die Deutschen die Tür immer zumachen, wenn sie hereinkommen oder hinausgehen. In Afrika macht man die Tür hinter sich zu, wenn man seine Ruhe haben will, sonst nicht. Ich kann das nicht verstehen. Vielleicht machen die Deutschen ihre Türen immer zu wegen der Heizung oder aus einer übertriebenen Höflichkeit oder weil sie so verschlossene Leute⑦ sind."

Demoye Martial Touete
22 Jahre, Elfenbeinküste

Arbeitsaufgaben

1 **Lies den Text.**
Wie viel hast du schon verstanden? Markiere deinen Standort. ✕

- ○ alles
- ○ viel
- ○ mittel
- ○ etwas
- ○ nichts

Worterklärungen:

① schmunzeln:	*belustigt lächeln*
② Familienbindung:	*guter Kontakt in der Familie*
③ soziale Dienste:	*Krankenhaus, Altersversicherung, Notdienst usw.*
④ andere Abfallprodukte:	*Metall, Glas, Bioabfall usw.*
⑤ scheußlich:	*sehr schlecht*
⑥ passabel:	*ganz gut, es geht*
⑦ verschlossene Leute:	*zurückhaltende Menschen*

2 **Schreibe ins Heft, worin du gleicher Meinung bist wie die jungen Migranten.**

Beispielsatz:

Mir fällt auch auf, dass die Deutschen die Technik gut entwickelt haben.

Mir fällt auch auf, dass …

Mir fällt auch auf, dass …

3 **Schreibe, worin du anderer Meinung bist.**

Ich bin nicht der Meinung, dass …

Ich denke nicht, dass …

Ich habe nicht erlebt, dass …

Beispielsatz:

Ich bin nicht der Meinung, dass Deutsche keine starke Familienbindung haben.

4 **Schreibe eigene Erfahrungen und Beobachtungen auf.**

Arbeitsaufgaben

5 **Was würdest du gerne aus Deutschland in anderen Ländern (bei dir zu Hause) haben?**

Es wäre schön, wenn …

alle
überall
auf der ganzen Welt
bei uns
in anderen Ländern
alle Menschen

gute Wohnungen
gepflegte Straße
gute Berufsausbildung } *hätten*

sich satt essen
in die Schule gehen
Arbeit finden } *könnten*

Krankenkasse
so viele Arbeitsplätze
gerechte Löhne
genug Ärzte
Frühling
Winter mit Schnee } *es … gäbe*

Beispielsatz:

Es wäre schön, wenn alle so gute Wohnungen hätten.

6 **In Deutschland begegnest du Menschen ganz verschiedener Nationalität. Die Begegnung kann immer interessant sein, wenn du mit dem Menschen redest.**

Schreibe, wie du einen Menschen anderer Nationalität erlebt hast, was dir aufgefallen ist!

Nationalität	ungefähres Alter	Ort der Begegnung

Berichte:

„Aber Sie haben doch den Transistor wieder. Sie haben gar keinen Schaden."

Der Mann nickte bestätigend. „Du hast Recht, mein Junge. Wir haben keinen Schaden. Geschädigt bist bei der ganzen Geschichte nur du selbst. Aber laufen lassen können wir dich auch nicht. Da brauchst du gar nicht so böse zu gucken. Ich habe gar nichts gegen dich. Du hast einen Fehler gemacht, na gut, das haben ganz andere und klügere Leute als du auch schon getan. Aber wenn wir jetzt sagen, na schön, lassen wir ihn laufen, dann lachst du dir draußen ins Fäustchen und sagst dir: War ja alles halb so schlimm. Und warum sollst du es dann nicht noch einmal probieren? Man wird ja auch nicht jedes Mal geschnappt, nicht wahr? Weißt du, so ein kleines Radioding, das könnte unsere Firma ja auch noch verschmerzen. Aber für dich wäre es nicht gut, wenn wir deiner Mutter nicht Bescheid sagten, damit sie ihren Sprössling zurechtrückt. Es geht hier nicht um ein paar Mark mehr oder weniger, die unsere Firma durch Kaufhausdiebstähle verliert, sondern es geht darum, was einmal aus dir werden soll, mein Junge. So sehen wir das jedenfalls, und du siehst es vielleicht später auch noch ein."

Jochen antwortete nicht. Der Mann griff wieder zum Telefon, wählte, wartete. „Ja, könnte ich bitte einmal Frau Jäger sprechen? Ich warte ..."

Jochen wischte sich mit dem Handrücken über die Augen. Er hörte nicht mehr zu, was der Mann am Telefon sagte.

„In zehn Minuten ist deine Mutter hier und holt dich ab." Für die beiden Männer schien der Fall bereits erledigt zu sein, Sie wirkten gar nicht unfreundlich. Sie taten ihren Dienst, der ihnen vielleicht nicht besonders angenehm war. Sie empörten sich nicht, hielten keine anklagenden Reden. Der Diebstahl war verhindert, und nur darauf kam es an. Der Mann am Schreibtisch konnte guten Gewissens in das Brot beißen, das er umständlich aus Pergamentpapier wickelte.

Auch als die Mutter kam, verloren die Männer nicht viele Worte. Nach zwei, drei Minuten war alles vorbei. Zuerst sah Jochen der Mutter in das Gesicht und las den Unglauben darin. Dann sah er zu Boden, und als sie aufstand, tat er es ihr nach und folgte ihr zur Tür.

Einer der Männer öffnete höflich. Dann legte er Jochen die Hand auf die Schulter und sagte:„Und wir sehen uns hier auf keinen Fall wieder, nicht wahr, mein Junge? Eigentlich passt doch so etwas gar nicht zu dir. Du siehst wirklich nicht danach aus. Es klang sehr freundlich ...

Die Mutter sagte kein Wort. Auch später nicht, nicht auf der Rolltreppe, nicht auf dem Weg zum Ausgang. Kein einziges Wort ...

„Ich muss ins Geschäft zurück, und du wartest zu Hause auf mich", sagte die Mutter. Sonst kein Wort. Sie verurteilte schweigend, aber eindeutig. Ihr Blick war ohne Vorwurf. Er war nur beherrscht und sehr kühl; weder traurig noch besorgt, nur sachlich. Sie sah sich nicht noch einmal um, als sie über die Straße ging.

Dann saß Jochen zu Hause. Er baute seine Bücher und Hefte als Schutzwall vor seine Gedanken, doch die Gedanken sprangen über den Buchrand hinweg.

Arbeitsaufgaben

1 **Lies und höre die Geschichte.**
Wie viel hast du schon verstanden? Markiere deinen Standort. ✕

- alles
- viel
- mittel
- etwas
- nichts

2 **Nummeriere die Sätze in der richtigen Reihenfolge.**

◯ Sie rufen Jochens Mutter an.
◯ Die Männer glauben, dass Jochen ein Radio stehlen will.
◯ Jochen geht nach Hause und wartet dort auf seine Mutter.
◯ Sie lassen ihn nicht laufen und führen ihn in ein Büro.
◯ Die Mutter kommt ins Kaufhaus und holt Jochen ab.

3 **Suche im Text die Zeilen, wo die Kapitel beginnen und enden.**

Kapitel 1: Erwischt:	Zeile *1* ______	bis ______
Kapitel 2: Nachricht an die Mutter:	Zeile ______	bis ______
Kapitel 3: Begegnung mit der Mutter:	Zeile ______	bis ______
Kapitel 4: Schweigen:	Zeile ______	bis ______

4 **Suche die folgenden Wörter im Text und unterstreiche sie. Durch welche Wörter kannst du sie ersetzen?**

den Transistor	______	probieren	______
lachst du dir ins Fäustchen	______	geschnappt	______
verschmerzen	______		
Sprössling	______	zurechtrückt	______

Sohn *freust dich* *festgenommen* *das Radio* *schimpft*
versuchen *auf (etwas) verzichten*

5 **Was wird der Mann Jochens Mutter am Telefon erzählt haben?**

______

______

______

______

______

Arbeitsaufgaben

6 **Was erfährst du in der Geschichte über die beiden Männer, über Jochens Mutter und über ihr Verhalten? Unterstreiche die jeweiligen Textstellen und schreibe sie auf:**

7 **Was bedeutet der letzte Satz? (Schutzwall = Schutzmauer) Kreuze die richtigen Aussagen über Jochen an.**

- ◯ Er legt alle seine Hefte und Bücher auf den Schreibtisch.
- ◯ Er liest eifrig in seinen Heften und Büchern.
- ◯ Er muss immer an den Vorfall denken.
- ◯ Er baut aus seinen Heften und Büchern eine Mauer.
- ◯ Er möchte sich durch Lesen ablenken.

8 **Welche Gedanken könnten Jochen kommen?**

Kreuze in der jeweiligen Spalte an.

	richtig	falsch
Bin ich froh, dass die Geschichte so gut ausging!		
War ich dumm, ich schäme mich!		
Warum hat mich Mutter nur so angesehen?		
Diese beiden Männer waren aber unverschämt.		
So etwas mache ich bestimmt nie mehr!		
Warum hat Mutter kein Wort mit mir geredet?		
Schade, dass es mit dem Radio nicht geklappt hat!		

9 **Jochen spricht mit seiner Mutter. Wie könnte das Gespräch verlaufen?**

Der große Telefonbuchtrick

Für diesen Zaubertrick brauchst du ein Telefonbuch. Mithilfe einer Rechnung wählen die Zuschauer aus diesem Telefonbuch einen dir (scheinbar!) unbekannten Teilnehmer aus. Schon nach kurzer Konzentration kannst du Name, Anschrift und Telefonnummer des Teilnehmers nennen. Das Geheimnis ist ganz einfach:

1. Du reichst einem der Anwesenden das Telefonbuch.
2. Ein zweiter Zuschauer schreibt eine beliebige dreistellige Zahl an die Tafel oder auf ein Blatt Papier.
3. Diese Zahl wird nun umgedreht und so in umgekehrter Reihenfolge unter die erste Zahl geschrieben.
4. Dann wird die kleinere Zahl von der größeren Zahl abgezogen (=Subtraktion).
5. Das Ergebnis wird wieder umgedreht und unter das Ergebnis der Subtraktion geschrieben.
6. Diese beiden Zahlen werden nun zusammengezählt (= Addition).
7. Das Ergebnis ist immer 1089, was aber nur du als Zauberer weißt.

Du wendest dich nun an den Zuschauer, der das Telefonbuch hält, und sagst: „Schlagen Sie bitte die Seite 108 auf und suchen Sie den 9. Namen auf dieser Seite. Konzentrieren Sie sich bitte auf diesen Teilnehmer." Auch du konzentrierst dich und kannst nach einiger Zeit sagen: „Der Teilnehmer heißt ..., wohnt in der ...straße und hat die Telefonnummer ..."

Natürlich hattest du schon vorher auf der Seite 108 beim 9. Teilnehmer nachgeschaut und dir Name, Straße und Telefonnummer gemerkt.

Achtung: Falls das Ergebnis der Subtraktion nur aus 2 Ziffern besteht, stellt man eine Null davor, die dann bei der umgekehrten Zahl am Ende steht!

Arbeitsaufgaben

1 Lies den Text.

2 Die Übungen helfen dir, wenn du die Rechnung nicht verstanden hast:

a)

Die Zahl 957 steht auf drei Stellen, sie ist dreistellig.

9	5	7		← Diese Zahl ist *drei* stellig
1	0	5	4	← Diese Zahl ist *vier* stellig
3	9			← Diese Zahl ist ______ stellig
8	0	3		← Diese Zahl ist ______ stellig
1	2	3		← Diese Zahl ist ______ stellig
8	9	1		← Diese Zahl ist ______ stellig

b)

Zahl umdrehen	Zahl in umgedrehter Reihenfolge	Zahl umdrehen	Zahl in umgedrehter Reihenfolge
321 →	123	678 →	______
84 →	48	4751 →	______
211 →	112	32 →	______
123 →	321	891 →	______
198 →	891	321 →	______

c)

31 + 5 = 36 (*Ergebnis*)
zusammenzählen → *Addition*

36 − 5 = 31 (*Ergebnis*)
abziehen → *Subtraktion*

390 − 7 = 383
______ → ______

15 + 135 = 150
______ → ______

321 − 123 = 198
______ → ______

198 + 891 = 1089
______ → ______

d)

e)

3 **Übe den Zaubertrick.**

Zum Üben brauchst du mindestens ______ Helfer.

4 **Nun kannst du den Zaubertrick anderen vorführen. Welchen Satz könntest du am Anfang sagen?**

5 **Spiele „Stille Post“:**

Die Schüler sitzen im Kreis und haben den Text vor sich.
Ein Schüler sucht einen kurzen Satz aus, flüstert ihn dem Nachbarn ins Ohr.
Der letzte Schüler darf das, was er gehört hat, mit dem Text im Buch vergleichen, andere Schüler helfen.

„Genug", sagte der Baum

Gesunder Wald mit vollen grünen Kronen.

Zuerst erkranken oft Randbäume und alte einzeln stehende Nadelbäume.

Der Schaden breitet sich sprunghaft aus. Die Kronen der Nadelbäume lassen immer mehr Licht durch, die Laubbäume zeigen Schäden. Tote und absterbende Stämme müssen entnommen werden.

Die geschädigten Bäume beginnen in großen Mengen abzusterben. Einzelne junge Bäume sehen oft noch gesund aus.

„Genug!", sagte der Baum und nahm mit steifen Gliedern Reißaus.

Arbeitsaufgaben

1 **Betrachte die Bildreihe.**
Versuche zu erklären, was durch die Bilder 1 bis 4 ausgedrückt wird.

Im Bild 1 ist der Wald ______________. Bild 2 zeigt, dass ______________________________

______________________________.

In Bild 3 breitet sich ______________________. In Bild 4 ist ______________________

fast tot. Nur einzelne ____.

2 **Bild 5 gehört eigentlich nicht dazu. Aber die Bilder 1 bis 4 helfen dir, zu verstehen, warum dieser Baum Reißaus nimmt.**

Versuche die märchenhafte Geschichte dieses Baumes zu schreiben. Die Bildunterschriften helfen dir.

Der Baum stand im ______________. Der Wald war ______________ und hatte

______________________________ Kronen. Der Baum war sehr zufrieden. Da bemerkte

er, dass ______________ und alte ______________________________ Nadelbäume

erkrankten. Der Schaden ____ aus.

Die Kronen der Nadelbäume ______________________________ und die Laubbäume

______________________. Tote und ______________ mussten entnommen werden.

Bald begannen die geschädigten ____.

Nur einzelne junge ____ gesund aus.

Da gefiel es dem Baum nicht mehr im Wald. Er hatte Angst, dass ______________

______________________________. Deshalb sagte er eines Tages: „______________!“

und ____.

3 **Sicher hast du schon durch das Fernsehen oder durch die Zeitung erfahren, was die Ursachen des Baum- und Waldsterbens in Mitteleuropa sind.**

Kreuze die richtigen Ursachen an!

- ○ Luftverschmutzung
- ○ Verschmutzung der Meere
- ○ Abholzaktionen wegen Weihnachten
- ○ der Haushaltsmüll
- ○ Saurer Regen
- ○ zu viel Licht
- ○ Borkenkäfer
- ○ Autoabgase
- ○ Trockenheit
- ○ Lärm

4 **Wie konnte dieses Foto (Bild 5) entstehen? Hat wirklich ein Baum Reißaus genommen? Suche nach einer Erklärung! Drehe dazu das Bild um.**

5 **Male oder zeichne ebenfalls einen Baum, der Reißaus nimmt. Schreibe in eine Sprechblase, was er uns sagen möchte! Verwende dazu eine ganze Seite.**

Die Kaninchen, die an allem Schuld waren

James Thurber

Es war einmal – die jüngsten Kinder erinnern sich noch daran – eine Kaninchenfamilie, die unweit von einem Rudel Wölfe lebte. Die Wölfe erklärten, die Lebensweise der Kaninchen gefalle ihnen nicht. (Die Wölfe waren begeistert von der Art, wie sie selber lebten, denn das war die einzig richtige Art zu leben.) Eines Nachts kamen einige Wölfe bei einem Erdbeben ums Leben, und die Schuld daran wurde den Kaninchen zugeschoben, denn es ist allgemein bekannt, dass Kaninchen mit ihren Hinterbeinen auf den Erdboden aufstoßen und Erdbeben verursachen. In einer anderen Nacht wurde einer der Wölfe von einem Blitz erschlagen, und schuld daran waren wieder die Kaninchen, denn es ist allgemein bekannt, dass Salatfresser Blitze verursachen. Die Wölfe drohten, die Kaninchen zu zivilisieren, wenn sie sich nicht anständig betrügen und die Kaninchen beschlossen, auf eine verlassene Insel zu flüchten. Aber die anderen Tiere, die weit entfernt wohnten, beschämten sie, indem sie sagten: „Ihr müsst bleiben, wo ihr seid, und tapfer sein. Dies ist keine Welt für Ausreißer. Wenn die Wölfe euch angreifen, werden wir euch zu Hilfe kommen, aller Wahrscheinlichkeit nach."

So blieben die Kaninchen in der Nachbarschaft der Wölfe wohnen, und eines Tages kam eine schreckliche Überschwemmung, die eine große Anzahl der Wölfe ersäufte. Daran waren die Kaninchen schuld, denn es ist allgemein bekannt, dass Mohrrübenknabberer mit langen Ohren Überschwemmungen verursachen. Die Wölfe fielen über die Kaninchen her, zu ihrem eigenen Besten, und sperrten sie in eine finstere Höhle, zu ihrem eigenen Schutz.

Als man ein paar Wochen lang nichts von den Kaninchen zu hören bekam, richteten die anderen Tiere eine Anfrage an die Wölfe, was mit ihnen geschehen sei. Die Wölfe erwiderten, die Kaninchen seien gefressen worden, und da sie gefressen worden seien, sei der Fall eine rein innere Angelegenheit. Die anderen Tiere drohten jedoch, sie würden sich möglicherweise gegen die Wölfe verbünden, wenn kein Grund für die Vernichtung der Kaninchen angegeben würde. So gaben die Wölfe einen an.

„Sie versuchten auszureißen", sagten die Wölfe, „und wie ihr wisst, ist dies keine Welt für Ausreißer."

Moral: Gehe –, nein, galoppiere zur nächsten verlassenen Insel.

Arbeitsaufgaben

1 **Lies und höre die Geschichte.**
Wie viel hast du schon verstanden? Markiere deinen Standort. X

- alles
- viel
- mittel
- etwas
- nichts

2 **Warum wollen die Wölfe, dass die Kaninchen so leben sollen wie sie?**
Kreuze die richtigen Aussagen an.

- Die Lebensweise der Kaninchen gefällt den Wölfen nicht.
- Die Lebensweise der Kaninchen ist den Wölfen zu gefährlich.
- Die Wölfe meinen, dass ihre Lebensweise die einzig richtige Art zu leben ist.
- Die Wölfe sind von ihrer eigenen Lebensweise begeistert.
- Die Wölfe meinen, die Kaninchen nehmen ihnen zu viel Platz weg.

3 **Bei einigen Ereignissen sterben Wölfe. Lies genau nach und ergänze:**

Wie viele Wölfe sterben …

- beim Erdbeben: ______
- durch den Blitz: ______
- bei der Überschwemmung: ______

4 **Die Wölfe schieben jeweils einen Grund vor, warum sie die Kaninchen einsperren.**
Lies nach, unterstreiche im Text und schreibe heraus:

Erdbeben: *Die Kaninchen sind schuld, weil*

Blitz:

Überschwemmung:

Was sagst du zu diesen Begründungen? Sind das überhaupt Begründungen?

Arbeitsaufgaben

5 **Tiere, die weit entfernt wohnen, geben den Kaninchen einen Rat. Suche ihre Aussage im Text und ergänze:**

„Ihr ____________ ____________, wo ihr seid, und ____________ sein.

Dies ist ____________ ____________ für ____________.

Wenn die Wölfe euch angreifen, werden ____________ euch zu ____________

____________, aller ____________ nach.“

Die anderen Tiere wollen den Kaninchen „aller Wahrscheinlichkeit nach“ zu Hilfe kommen.

Was bedeutet diese Aussage? Kreuze den richtigen Satz an!

- ○ Die anderen Tiere kommen ganz sicher zu Hilfe.
- ○ Die anderen Tiere kommen vielleicht zu Hilfe.
- ○ Die anderen Tiere kommen ganz sicher nicht zu Hilfe.

6 **Nach den Naturkatastrophen werden die Kaninchen von den Wölfen eingesperrt. (Zeilen 24 bis 26)**

Wie rechtfertigen die Wölfe diese Maßnahme?

____

____

____

7 **Womit begründen die Wölfe, dass das Verschwinden der Kaninchen eine „rein innere Angelegenheit“ sei? (Zeilen 29 bis 31)**

____

____

____

8 **Wie würdest du das Verhalten der Wölfe bezeichnen? Unterstreiche die passenden Adjektive (Eigenschaftswörter) und schreibe sie auf.**

egoistisch höflich gütig hilfsbereit uneinsichtig tapfer rücksichtslos
frech raffiniert herrschsüchtig verständnisvoll aggressiv freundlich

____

____

Arbeitsaufgaben

9 **Erkläre drei deiner Entscheidungen von Aufgabe 8.**

Schreibe so: *Die Wölfe sind egoistisch, weil alle anderen Tiere genauso leben sollen wie sie selbst.*

10 **In dieser Fabel geht es vor allem darum, dass bestimmte Menschen oder Menschengruppen benachteiligt, diskriminiert oder gar verfolgt werden.**

Was ist mit diesen Bezeichnungen gemeint? Ordne richtig zu.

benachteiligt	◯	1	Jemand wird schikaniert, gesucht, eventuell auch verhaftet, eingesperrt und umgebracht.
diskriminiert	◯	2	Jemand wird ungerecht behandelt, zurückgesetzt oder absichtlich nicht beachtet.
verfolgt	◯	3	Jemand wird beschimpft, beleidigt, herabgesetzt oder verächtlich gemacht.

11 **Sicher kennst du aus dem Geschichtsunterricht oder aus deiner Umgebung Beispiele für Menschen oder Menschengruppen, die ein ähnliches Schicksal (Benachteiligung, Diskriminierung, Verfolgung) wie die Kaninchen erlebten bzw. erlitten.**

Berichte.

12 **Die Moral dieser Geschichte (Zeile 36) empfiehlt, dass der Schwächere dem Stärkeren aus dem Weg gehen oder auswandern soll.**

Was meinst du dazu? Schreibe einige Sätze dazu auf.

Berufsausbildung in Schule und Betrieb

Wenn du eine Berufsausbildung mit einer betrieblichen Ausbildung beginnst, wird zwischen dir und deinem Ausbildungsbetrieb zuerst ein Berufsausbildungsvertrag abgeschlossen. In ihm sind unter anderem der Inhalt deiner Ausbildung, die Dauer deiner Ausbildungszeit, deine Ausbildunsgvergütung, deine Urlaubsdauer und noch vieles andere festgelegt.

Nach dem Abschluss deines Berufsausbildungsvertrages erfolgt deine Ausbildung im Betrieb und in der Berufsschule. Für diese Form der beruflichen Qualifizierung hat sich die Bezeichnung „duales System“ oder „duale Ausbildung“ durchgesetzt.

Dabei lernst du im Betrieb unter der Anleitung von erfahrenen Meistern und Ausbildern Arbeitsmethoden und Arbeitstechniken kennen, sammelst Erfahrung im Umgang mit Maschinen, Einrichtungen und Werkstoffe und erwirbst Fertigkeiten und Kenntnisse, die du in deinem späteren Beruf brauchst.

Daneben besuchst du in der Regel an einem Tag in der Woche die Berufsschule. Neben der Vermittlung einer systematischen Fachtheorie und der Vertiefung deiner fachpraktischen Kenntnisse und Fertigkeiten erhälst du dort noch zusätzlichen Unterricht in den allgemein bildenden Fächern wie Deutsch, Sozialkunde, Religion, Sport usw.

Arbeitsaufgaben

1 **Lies den Text.**
Wie viel hast du schon verstanden? Markiere deinen Standort. X

- alles
- viel
- mittel
- etwas
- nichts

2 **Das Wort „Ausbildung“ kommt in diesem Text häufig vor.**
Lies den Text noch einmal und unterstreiche dabei folgende Wörter:

Ausbildungszeit
betriebliche Ausbildung
Inhalte der Ausbildung
AUSBILDUNG
Ausbildungsbetrieb
Ausbildungsvergütung
Berufsausbildungsvertrag

3 **Einige Wörter aus dem Text solltest du unbedingt verstehen:**

Ausbildung:
- *man sagt dazu auch Lehre*
- *man lernt alles, was mit einem bestimmten Beruf zu tun hat*

Auszubildender:
- *Lehrling, Lernender, Berufsanfänger*
- *ein Auszubildender lernt alles, was mit einem bestimmten Beruf zu tun hat*

Ausbilder:
- *bildet den Berufsanfänger aus*
- *ist oft der Meister oder Chef*

4 **Schreibe den richtigen Begriff über die Kästchen mit den Erklärungen.**

betriebliche Ausbildung — Ausbildungsbetrieb
Ausbildungsvergütung — Berufsausbildungsvertrag
Inhalte der Ausbildung

Die
ist der Teil der Ausbildung, der in einem Betrieb (einer Firma) erfolgt.

Der
ist eine Firma, in der junge Menschen einen Beruf erlernen können.

Der
ist eine schriftliche Festlegung aller Ausbildungsbedingungen (Arbeitszeit, Vergütung, Urlaubsdauer)

Die
sind die Dinge, die während der Ausbildung gelernt werden.

Die
ist der Geldbetrag, den die Firma dem Auszubildenden monatlich bezahlt.

Arbeitsaufgaben

5 **Jetzt kannst du sicher die richtigen Wörter in die Lücken einsetzen. Wenn du dir nicht sicher bist, findest du die Lückenwörter im 1. Textabschnitt.**

Wenn man seine *Berufs*________________ mit einer __________ Ausbildung beginnt, schließt man als Auszubildender zuerst einen ____________________ ab.

In dem Vertrag sind wichtige Dinge festgelegt, z. B.

- __________ der Ausbildung
- __________ der Ausbildungszeit
- Ausbildungs________________
- Urlaubs__________________

6 **In der „dualen Ausbildung" erfolgt die Berufsausbildung an zwei Orten – im Betrieb und in der Berufsschule.**

a) **Lies den Text ab Zeile 18 und unterstreiche alles, was man im Betrieb lernt, blau und was in der Schule vermittelt wird, grün!**

b) **Ordne nun in die Tabelle ein!**

Ausbildung im Betrieb	Ausbildung in der Berufsschule

Eine Gerichtsverhandlung in New York

Ich war vor zwei Monaten in New York angekommen und lebte mit zwei Freunden in einem dunklen, schäbigen Zimmer, das uns Mr. Murphy, ein großer, jähzorniger Ire, vermietet hatte. Wir hatten kein Geld und keine Jobs und lebten von Gelegenheitsarbeiten.

Mr. Murphy war ein Witwer mit fünf Kindern, und Jimmy war das jüngste. Das Haus, wo wir wohnten, war eine der riesigen Mietskasernen in dem armseligen übervölkerten Viertel der Stadt im Süden Manhattens, in dem die erste Generation der Einwanderer lebte: Griechen, Iren, Juden, Franzosen, Deutsche, Russen und Italiener.

Als wir ungefähr drei Monate bei Murphy gewohnt hatten, wurde Jimmy krank. Von Anfang an sah es ziemlich hoffnungslos aus. Kurt, der früher ein ausgezeichneter Kinderarzt in Berlin gewesen war, ging zu Mr. Murphy. „Mr. Murphy“, sagte er, „Sie wissen, dass ich Jimmy nicht behandeln darf, da ich die amerikanische Staatsprüfung noch nicht abgelegt habe. In vier Monaten wird es so weit sein, aber darauf kann Jimmy nicht warten. Sie müssen sofort einen Arzt holen.“ Der Arzt kam zweimal, ein dünner, alter Mann mit zittrigen Händen. Gegen Mitternacht stieg das Fieber, und der Atem begann zu rasseln. Kurt schickte Mr. Murphy wieder zum Arzt, aber nach einer Weile kam er allein zurück. „Er will nicht kommen“, flüsterte er, Tränen hilfloser Wut in seinen Augen. „Ich habe seinen letzten Besuch noch nicht bezahlt. Er will erst das Geld sehen.“

Mr. Murphy starrte auf das röchelnde Kind. Er drehte sich zu Kurt um und flüsterte wild: „Sie sind doch Arzt! Um Gottes willen, lassen Sie das Kind nicht sterben!“

Auf einmal sahen alle auf Kurt. Sein Gesicht war blass, Ich wusste, was in ihm vorging. In ein paar Monaten würde er seine Prüfung ablegen und ein neues Dasein beginnen. Auf der anderen Seite stand das Gesetz, war leuchtende Zukunft, Frieden, Wohlstand – und auf der anderen Seite war Undank gegenüber dem Land, das ihm eine neue Heimat bot, Bruch des Gesetzes und Vertrauens und, wenn seine Tat bekannt würde, neue Heimatlosigkeit, neues Elend. Dazwischen aber ein leidendes Kind, schweißüberströmt, geschüttelt von Fieber und Schmerzen.

Zehn Tage kämpfte Kurt um das Leben von Jimmy Murphy. Aber dann war die Krisis vorüber und das Kind gerettet. Und nun beginnt die eigentliche Geschichte.

An dem Tag, an dem Jimmy zum ersten Mal aufstehen durfte, kamen zwei Polizei-Detektive und verhafteten Kurt. Der alte Arzt hatte Anzeige erstattet.

Am gleichen Tag ging eine seltsame Bewegung durch unser Haus und unsere Straße. Die Russen, die Italiener, die Juden, die Iren und die Deutschen steckten die Köpfe zusammen, und ihre grauen, alten Gesichter waren rot und zornig. Am nächsten Morgen ging kein einziger dieser Männer zur Arbeit. Sie gingen zum Gericht der Stadt New York, ich war selber dabei. Sie füllten den Gerichtssaal, es müssen ihrer über hundert gewesen sein, und als Kurt aufgerufen wurde, drängten sich alle vor, und der Richter blickte erstaunt von seinem Podium hinunter auf die merkwürdige schweigende Menge von Frauen und Kindern.

„Schuldig oder nichtschuldig?“, fragte der Richter. Aber bevor Kurt den Mund öffnen konnte, riefen hundert Stimmen: „Nichtschuldig!“

„Ruhig!“, donnerte der Richter. „Ich werde den Saal räumen lassen, wenn ich noch einen Laut höre!“ Er wandte sich wieder an Kurt.

„Angeklagter, plädieren Sie für schuldig oder ...“ Und dann stockte er auf einmal und blickte auf die schweigenden alten Leute, die müden runzeligen Gesichter, die gebeugten Rücken. „Was wollt denn ihr?“, fragte der Richter, und als mehrere auf einmal zu sprechen begannen, wies er auf Mr. Murphy, der gleich hinter Kurt stand. Und dann begann Mr. Murphy zu sprechen, und der Richter sagte gar nichts und sah von einem der alten Leute zum anderen.

„So sind wir hierhergekommen“, endete Mr. Murphy, „die Nachbarn meine ich damit. Wenn Sie unseren Doktor verurteilen, wir sind hier, um für ihn zu bürgen. Und wir haben gesammelt, falls er eine Geldstrafe bekommt für das, was er begangen hat – nämlich meinem Kind das Leben gerettet."

Der Richter erhob sich und lächelte. Es sah merkwürdig aus, wie dieser Mann im schwarzen Talar plötzlich lächelte und von seinem Podium zur Kurt heruntertstieg und seine Hand ausstreckte.

„Ich drücke Ihnen die Hand“, sagte der Richter mit leiser Stimme. „Sie werden einmal einen guten amerikanischen Staatsbürger abgeben.“ Dann ging er rasch auf sein Podium zurück und klopfte mit dem Hammer auf den Tisch. Alles erhob sich.

„Sie haben gegen das Gesetz verstoßen“, sagte der Richter, „um einem höheren Gesetz zu gehorchen. Ich spreche Sie frei und – und Ihnen allen danke ich, dass Sie gekommen sind, um für den Angeklagten zu zeugen. – Nächster Fall!“

Wissenswertes über den Autor dieses Textes:

Heinz Liepmann wurde 1905 in Osnabrück/Deutschland geboren. Er war Mitarbeiter einer Frankfurter Zeitung und arbeitete an deutschen Theatern. Seine Bücher waren international anerkannt. Da seine Veröffentlichungen aber auch gegen die herrschenden Nationalsozialisten (1933–1945) gerichtet waren, musste er aus Deutschland fliehen. In den USA arbeitete er wieder bei einer Zeitung. In seinen Sachbüchern, Romanen und Erzählungen prangerte er immer wieder Unrecht und Verfolgung an.

Arbeitsaufgaben

1 **Lies den Text.**

Bevor du die Arbeitsaufträge bearbeitest, überprüfe bitte, ob du den Text gut verstanden hast. Die unten stehende Aufstellung hilft dir dabei. Benutze die Wörterliste und trage den richtigen Buchstaben ein.

- (C) schäbig (Zeile 3)
- ( ) Job (Zeile 7)
- ( ) Witwer (Zeile 8)
- ( ) Mietskaserne (Zeile 11)
- ( ) Einwanderer (Zeile 15)
- ( ) Staatsprüfung (Zeile 25)
- ( ) Krisis (Zeile 61)
- ( ) Anzeige erstatten (Zeile 66)
- ( ) Podium (Zeile 80)
- ( ) für jemanden bürgen (Zeile 106)

(A) Arbeitsmöglichkeit, Arbeitsstelle

(B) hier: ein Examen, das man ablegen muss, um als Arzt arbeiten zu dürfen

(C) abgenutzt, abgetragen, armselig

(D) hier: Höhepunkt einer Krankheit

(E) für jemanden die Verantwortung übernehmen

(F) ein Mann, dessen Ehefrau gestorben ist

(G) Ausländer, die in ein anderes Land gehen, um auf Dauer dort zu leben

(H) Erhöhung: hier: der Richter sitzt höher als die anderen im Gerichtssaal

(I) abwertend für großes Mietshaus

(J) zur Polizei gehen und ein Vergehen gegen das Gesetz melden

2 **Lies die ersten beiden Abschnitte. Jeweils eine Antwort ist richtig. Kreuze sie an.**

a		Der Erzähler und seine Freunde leben noch nicht lange in den USA.		Der Erzähler und seine Freunde leben schon lange in den USA.
b		Manhatten ist ein vornehmer Stadtteil von New York.		Manhatten ist ein armseliger Stadtteil von New York.
c		Die drei Freunde leben in einem gepflegten, hellen Zimmer.		Die drei Freunde leben in einem schäbigen, dunklen Zimmer.
d		Das Haus, in dem die drei Freunde wohnen, ist eine riesige Mietskaserne.		In dem Haus, wo die drei Freunde leben, lebt nur noch ihr Vermieter mit seiner Familie.
e		Die drei Freunde haben einen festen Arbeitsplatz.		Die drei Freunde leben von Gelegenheitsarbeiten.
f		Der Vermieter Mr. Murphy hat eine Frau und fünf Kinder.		Der Vermieter Mr. Murphy lebt mit seinen fünf Kindern allein, da seine Frau gestorben ist.

Arbeitsaufgaben

3 **Mithilfe der richtig angekreuzten Aussagen aus Aufgabe 2 kannst du nun sicher die Lebenssituation der drei Freunde beschreiben.**

4 **In dem Wohnviertel wohnen Einwanderer aus den unterschiedlichsten Ländern. Aus welchen Ländern kommen sie?**

Sie kommen aus Griechenland,

5 **Wie heißen die Bewohner dieser Länder? Trage ein.**

England

Schweden

Türkei

Polen

Spanien

Dänemark

Ungarn

6 **Lies nochmals die Zeilen 20 bis 25 und beantworte folgende Fragen.**

Welchen Beruf hatte Kurt, als er noch in Berlin lebte?

Weshalb darf Kurt den schwer kranken Jungen nicht behandeln?

Arbeitsaufgaben

7 **Mr. Murphy hat keine Krankenversicherung und muss deshalb den Arzt für seinen schwer kranken Sohn selbst bezahlen.
Berichte, welche Folgen das für Jimmy hat (Zeilen 30–32).**

8 **Kurt muss sich gegen das Gesetz entscheiden, wenn er dem schwer kranken Kind helfen will. Was muss er befürchten?**

Unterstreiche im Text und schreibe in die 2. Spalte (Zeilen 46–56).

Handeln nach dem Gesetz	KRANKES KIND	Handeln gegen das Gesetz
leuchtende Zukunft …		
Frieden …		
Wohlstand …		

9 **Was meinst du, nachdem du die Geschichte nun kennst? Wähle unter folgenden Möglichkeiten. Unterstreiche und schreibe deine Meinung auf.**

A. Man darf auf keinen Fall gegen ein Gesetz verstoßen, weil man sonst zu Recht bestraft wird.

B. Es gibt Situationen, wo man menschliches Handeln über die Gesetze stellen muss.

C. Man soll rechtzeitig sparen, um nicht in eine Situation wie Mr. Murphy und Jimmy zu kommen.

D. Wenn man gegen das Gesetz verstößt, um etwas Gutes zu tun, darf man auf einen milden Richter vertrauen.

Ein deutsches Mädchen erzählt

Im Jahr 1956 bin ich zusammen mit meinen Eltern und meinem Bruder ausgewandert. Ich war damals 14 Jahre alt. In einer Hinsicht war ich Kind, in der anderen aber war der Schritt zum Erwachsensein nicht mehr weit. Ich besuchte gerade die achte Klasse der Mittelschule und sollte in zwei Jahren meinen Schulabschluss machen, als meine Eltern den Antrag auf Auswanderung nach Australien stellten. Wir mussten uns noch einer Gesundheitsprüfung unterziehen und bekamen bald die Genehmigung.
Mir kam diese Auswanderung nicht gelegen, denn ich hatte mir einen großen Freundeskreis geschaffen. Außerdem besuchte ich regelmäßig die Jugendgruppe unserer Kirche, war Mitglied im Sportverein und gehörte dem Jugendrotkreuz an. Ich konnte kostenlos die Bibliothek benutzen. Ich war mit meinem Leben recht zufrieden.
In der kurzen Zeit bis zu unserer Abreise dachte ich viel über mein bisher sorglos verlaufenes Leben nach. Eigentlich hatte ich ein ganz gutes Zuhause. Meine Eltern hatten zwar auch einige Tiefen durchzustehen gehabt, da mein Vater längere Zeit arbeitslos war. Doch ich fand, das war kein Grund zur Auswanderung, da mein Vater endlich Arbeit gefunden hatte. Er bekam sogar ein Auto (Dienstauto), das die Familie auch am Wochenende benutzen durfte. Trotz allem – meine Mutter hatte es sich in den Kopf gesetzt, ein eigenes Haus zu besitzen, was ihr in Deutschland jedoch als unerreichbar erschien. Dies war der eigentliche Grund für die Auswanderung nach Australien. Mein Bruder und ich waren gar nicht erst gefragt worden, ob uns die Auswanderung recht war. Auch dass wir unsere Schulbildung abbrechen mussten, schien für meine Eltern kein großes Problem zu sein.
Schweren Herzens trennte ich mich also von allem, was mir bisher lieb war. Etliche Alben voll mit gepressten und getrockneten Pflanzen, die ich über Jahre gesammelt hatte, wanderten so einfach in den Mülleimer. Dafür war in unserer Umzugskiste kein Platz. Das Schwerste jedoch war das Abschiednehmen von meinen Schulkameraden und den Kameraden aus den Jugendgruppen.
Am 18. Januar 1956 trafen wir schließlich im Sammellager in Bremen-Lesum ein. Hier warteten wir mit noch einigen Hundert anderen Auswanderern auf unser Schiff, das uns nach Australien bringen würde.

Arbeitsaufgaben

1 **Lies den Text.**
Wie viel hast du schon verstanden? Markiere deinen Standort. X

- alles
- viel
- mittel
- etwas
- nichts

2 **Wenn du den Text sorgfältig gelesen hast, weißt du einiges über das bisherige Leben von Jutta. Schreibe in Stichpunkten.**

Alter

Schule

Freizeit

3 **Der Familie von Jutta ging es nicht schlecht. Weshalb wollte die Mutter trotzdem auswandern? Unterstreiche die Stelle im Text und nenne den Grund.**

Wie ist deine Meinung dazu? Schreibe einige Gedanken dazu auf.

4 **Welche Aussagen sind richtig? Kreuze an.**

- Jutta war mit ihrem Leben recht zufrieden.
- Die Eltern machten sich Sorgen um die weitere Schulausbildung von Jutta und ihrem Bruder.
- Die Eltern fragten die Geschwister, ob die auch auswandern wollten.
- Der Vater hatte nach längerer Arbeitslosigkeit eine gute Arbeit gefunden.
- Jutta durfte alle ihre persönlichen Dinge nach Australien mitnehmen.

Arbeitsaufgaben

5 **Erkläre mit eigenen Worten, was Jutta sagen wollte.**

„Der Schritt zum Erwachsensein war nicht mehr weit.“

„Ich trennte mich schweren Herzens von meinen Alben.“

„Etliche Alben wanderten in den Mülleimer.“

6 **Hast du den Eindruck, dass sich Jutta auf die Auswanderung freute? Oder wollte sie lieber in Deutschland bleiben?**

Belege deine Meinung mit den entsprechenden Textstellen.

7 **Jutta ist im Jahre 1956 ausgewandert. Auch heute müssen oder wollen viele Menschen ihre Heimat verlassen.**

Berichte über mögliche Gründe.

Die Grenze – ich habe sie gespürt

Zur Einführung

Der Text auf der rechten Seite ist ein Auszug aus einem Jugendbuch. Das Mädchen Liese beschreibt die Zeit nach der Flucht aus ihrer Heimat im Jahre 1945. Bevor du den Textauszug liest, solltest du dich mit einigen geschichtlichen Gegebenheiten vertraut machen:

Flucht, Vertreibung und Aussiedlung

Der Zweite Weltkrieg begann am 1. September 1939 mit dem Einmarsch deutscher Truppen in Polen.
Adolf Hitler, der Anführer der Nationalsozialisten, hatte den Krieg begonnen, um „Lebensraum im Osten“ zu erobern. Die eroberten Gebiete wurden rücksichtslos ausgeplündert, viele Menschen wurden ermordet, umgesiedelt oder als Zwangsarbeiter nach Deutschland geschickt.
Der Krieg weitete sich immer mehr aus und dauerte sechs Jahre lang. Am 8. Mai 1945 ergab sich die deutsche Wehrmacht bedingungslos. Der Zweite Weltkrieg war zu Ende. Von den Siegermächten wurde beschlossen, dass die noch in Polen, der Tschechoslowakei und Ungarn zurückgebliebenen Deutschen nach Deutschland umgesiedelt werden sollten. Aber auch aus anderen Ländern wurden Deutsche vertrieben, wie du aus der Karte entnehmen kannst.
Insgesamt 12 Millionen Flüchtlinge und Heimatvertriebene kamen aus dem Osten in das weitgehend zerstörte Restdeutschland.
Deutschland wurde in vier Besatzungszonen aufgeteilt. Die Gebiete östlich der Oder-Neiße-Linie wurden unter polnische Verwaltung, der Norden Ostpreußens unter sowjetische Verwaltung gestellt.
Fast drei Millionen Menschen starben durch Flucht und Vertreibung.

Der Neuanfang war für die Flüchtlinge und Vertriebenen sehr schwer. Sie hatten ihre Heimat, ihren Besitz und oft ihre Angehörigen verloren. Doch in dem zerstörten Westdeutschland waren sie nicht immer willkommen. Wohnraum, Nahrung und Arbeitsplätze waren knapp. Erst allmählich konnten sie eine neue Existenz aufbauen.

Die Grenze – ich habe sie gespürt

Anneliese Schwarz

Herbst 1945.

Der schwarze, gusseiserne Ofen strahlt Hitze aus, bis hoch ins silbern angemalte Knierohr, das auf halber Zimmerhöhe in der Wand verschwindet. Vorsichtig öffne ich mit dem Haken die Ofentür, rote Koksglut strahlt mir entgegen. Mein Gesicht wird ganz heiß. Schnell schließe ich das Türchen wieder, ringle mich auf dem Boden vor dem Ofen wie eine Katze zusammen. Wenn ich schnurren könnte, würde ich jetzt ganz tief schnurren, so gemütlich warm wird mir.

Sie haben mich raufgeschickt, weil ich unten im Flur von Nielsens so gefroren habe. „Geh hoch und setz dich vor den Ofen, sonst wirst du noch krank“, hat Mutter gesagt.

Mutter und Großmutter stehen jetzt noch unten im Flur. Sie reden so viel und schon so lange über all das, was sie in den letzten Wochen erlebt haben, reden im Stehen im kalten Flur und finden immer noch was zum Erzählen.

Nun trommelt Regen ans Fenster. Die Wiese um das Haus ist jetzt wohl ein nasser Schwamm. Draußen liegen keine Äpfel mehr; Witte, Frau Nielsens Sohn, hat alle aufgehoben und ins Haus getragen. Der Strum hatte die Äpfel gestern von den Zweigen gerissen, und niemand lässt in dieser Zeit Äpfel auf der Wiese liegen.

Ich stütze das Kinn auf die braun gestrichenen Fußbodenbretter. Wo sie aneinander stoßen, bilden sie dunkle Linien. Ich sehe an ihnen entlang bis hinten an die Zimmerwand, Unterm Fensterbrett sind dunkle Flecken. Sie sehen aus wie große Schmetterlinge und glänzen vor Feuchtigkeit, denn bis dorthin reicht die Ofenwärme nicht.

Mir macht das nichts aus, ich finde die Schmetterlinge schön. Aber Mutter mag sie nicht.

„In den feuchten Räumen werden wir alle noch krank“, sagt sie. Im Schlafzimmer nebenan gibt es keinen Ofen, dort sind alle Wände feucht. Seit es draußen kühler geworden ist und oft regnet, fängt die Tapete sogar schon an zu schimmeln.

Wir hatten uns die Wohnung viel schöner vorgestellt, als Vater von ihr erzählte.

„Wir werden zwei Räume ganz für uns allein haben“, hatte er gesagt, „nachmittags scheint sogar die Sonne hinein, und ein paar Möbel will uns Frau Nielsen auch noch geben.“

Als Vater das sagte, saßen wir auf den Strohsäcken im Flüchtlingslager, mir vielen anderen Flüchtlingen zusammen in einem Raum. Dort wohnten wir seit diesem Sommer, dort hatte unsere unfreiwillige Irrfahrt und Vertreibung aus unserem Heimatdorf in der Tschechoslowakei ein vorläufiges Ende gefunden. Dort hatte uns auch Vater endlich wiedergefunden. Er war Soldat gewesen und hatte uns bei Kriegsende überall gesucht. Er wusste ja, dass wir aus unserem Heimatdorf vertrieben worden waren. Auch er hätte nicht mehr dorthin zurückkehren dürfen. Nun lebten wir im Lager, meine Eltern, meine Großmutter und wir Geschwister, Christel, Wolfgang und ich. Zuerst einmal waren wir froh, dass wir nicht mehr weiterfahren mussten, mit anderen Heimatvertriebenen zusammen in überfüllten Zügen. Wir waren froh, dass wir nicht mehr auf den Bahnhöfen schlafen mussten, wie wir es so oft getan hatten seit unserer Vertreibung. Doch nun war es schwer für Vater und Mutter, eine Wohnung zu finden.

Wir sind ja nur eine einzige Familie unter fünfzehn Millionen Flüchtlingen und Heimatvertriebenen. So viele wurden nach dem Zweiten Weltkrieg aus den deutschen Gebieten jenseits der Oder-Neiße-Linie ausgewiesen. Und alle suchen eine Bleibe, eine Wohnung, in den vier von den Siegermächten besetzten Zonen in Deutschland. Die Wohnungsnot ist auch deshalb so groß, weil viele Menschen ihre Häuser durch Bombenangriffe verloren haben und obdachlos geworden sind. So hat es uns Vater immer wieder erklärt.

„Wir müssen alle für den Krieg, den wir begonnen haben, bezahlen“, sagt er.

Wir wohnen jetzt in Gößnitz, in Thüringen, und das liegt in der von den Russen besetzten Zone. Vater, Mutter und Großmutter waren froh, dass sie das Lager verlassen konnten, wie überhaupt jeder froh war, wenn er da wieder herauskam.

Arbeitsaufgaben

1 **Lies den Einführungstext.**
In dem Einführungstext sind Wörter und Ausdrücke, die du vielleicht nicht verstehst.

die Gegebenheit (1. Absatz)	*die Tatsache*
der Einmarsch (Z. 2) einmarschieren	*eindringen, einfallen, sich gewaltsam Zutritt verschaffen*
die Truppen (Z. 3):	*das Militär, die Soldaten*
erobern (Z. 6)	*etwas (gewaltsam) in Besitz nehmen*
sich bedingungslos ergeben (Z. 13/14)	*man gibt auf, ohne Forderungen an den anderen zu stellen*
Menschen wurden umgesiedelt und vertrieben (Z. 19-21)	*Menschen mussten das Land verlassen*

2 **Jetzt kannst du bestimmt die fehlenden Wörter richtig in die Lücken einsetzen.**

8. Mai 1945 | bedingungslos | 1. September 1939 | Zweite Weltkrieg

Am ______________ drangen deutsche Soldaten in Polen ein. Der ______________ hatte begonnen.

Am ______________ war der Krieg zu Ende.

Deutschland musste sich ______________ ergeben.

3 **Das Leben war für die Flüchtlinge und Vertriebenen sehr schwer. Unterstreiche die entsprechenden Stellen im Einführungstext! (Z. 35 bis 43) Schreibe einige Stichworte auf!**

____

____

29

4 **Lies und höre den Text von Anneliese Schwarz.**

5 **Liese und ihre Familie kommen aus der Tschechoslowakei. Suche das Land auf der Karte. Sie leben jetzt in der sowjetisch besetzten Zone. Orientiere dich an der Karte.**

6 **Ziemlich am Schluss des Textes aus dem Jugendbuch erfährst du, mit wem die Erzählerin Liese zusammenlebt. Schreibe auf.**

____

____

Arbeitsaufgaben

7 **Liese liegt vor dem Ofen auf dem Boden. Sie fühlt sich sehr wohl, weil es so gemütlich ist.**
Nicht die ganze Wohnung ist so gemütlich. Schreibe auf. (Z. 30 bis 34)

Im Hausflur *ist es kalt.*

Unterm Fensterbrett

Im Schlafzimmer

Lieses Mutter mag die Wohnung nicht. Sie sagt:

8 **Die Familie war trotzdem froh, diese Wohnung gefunden zu haben. Wo und wie lebten sie zunächst nach ihrer Vertreibung aus ihrem Heimatdorf? (Z. 40 bis 44)**

9 **Lieses Vater hat den Kindern erklärt, weshalb es schwierig ist, eine Wohnung zu finden. Bilde mithilfe der Tabelle drei Sätze.**

Es ist schwierig, eine Wohnung zu finden,	*weil*	Lieses Familie nur eine einzige unter vielen heimatvertriebenen Familien ist.
Die Wohnungsnot ist auch deshalb so groß,	*weil*	viele Häuser und Wohnungen durch Bombenangriffe zerstört worden sind.
Viele Menschen suchen eine Wohnung,	*weil*	sie obdachlos geworden sind.

Arbeitsaufgaben

10 **Liese ist froh, dass sie nicht mehr in überfüllten Zügen fahren muss. Seit der Vertreibung mussten sie auch oft auf Bahnhöfen schlafen.**

Mithilfe dieser Fotos aus der damaligen Zeit kannst du dir die Situation sicher gut vorstellen.

Ankunft von Flüchtlingen auf dem Lehrter Bahnhof in Berlin. Allein in Berlin richtete man 1945 für sie 59 Auffanglager ein. Täglich kamen dort 30 000 Flüchtlinge an.

Flüchtlinge in einer Behelfswohnung.

11 **Kannst du etwas zu den Bildern sagen?**

Lebensdaten

Joan Miró ist 1893 in Montroig bei Barcelona geboren.
Mit 14 Jahren beginnt seine künstlerische Ausbildung an der Akademie in Barcelona. In dieser Stadt findet 1918 auch seine erste Ausstellung statt.
Im nächsten Jahr geht er das erste Mal nach Paris.
Er wechselt dann ständig zwischen Paris und Barcelona.
Zweimal hält er sich in den USA auf.
Seine ersten Bilder gehören zur Kunst des Kubismus, seine späten zum Surrealismus. Seit 1930 verwendet Miró häufig die Technik der Lithografie zur Herstellung seiner Bilder.
1956 lässt er sich in Palma de Mallorca nieder, wo er am 25. Dezember 1963 starb.

Lieber Herr Miró!

Sie sind mein allerliebster Maler, und sie malen so lustig.
Neulich war ich krank und neben meinem Bett stand ein
Bild von ihnen da habe ich mich mit den bunten Gesichtern
unterhalten. Da sagte das Männchen MIT SEINEN HAAREN
und SEINER KRUMMEN NASE ZU MIR.
„Komm zu mir in meinen Garten!
Ich habe den roten Mond und die schwarzen
Sterne zum spielen."

DANN HÖRTE DAS GESPRÄCH AUF.
Und ich freue mich immer über ihre Bilder.

GODJ.

Brief eines achtjährigen Jungen

Arbeitsaufgaben

1 **Lies den Text und betrachte den Brief.**

2 **Kreuze an:**

Ist die Akademie von Barcelona
- ○ ein Gymnasium?
- ○ eine Kunstschule?
- ○ eine Universität?
- ○ ein Sportplatz?

3 **„Lithografie“ – komisches Wort!**

grafie heißt immer schreiben, beschreiben

Litho = Stein

Was ist Lithografie?

Bei einer Lithografie wird in Stein geschrieben oder gezeichnet (mit spitzem Metall) – dann gedruckt.

4 **Du kannst jetzt auch andere Wörter erklären.**

Was ist Fotografie? **Foto = Licht**

Bei einer Fotografie schreibt (nicht du) ______________________.

Was ist Geografie? **Geo = Erde**

In der Geografie wird ______________________

______________________ beschrieben.

Was ist Stenografie? **Steno = eng**

In der Stenografie wird ______________________

______________________.

5 **Steckbrief von Miró**

Vorname *Joan* Nachname ______________

Geburtsjahr ______________

Geburtsort ______________

Wohnorte bis 1956 ______________

Wohnort ab 1956 ______________

Wie heißt sein Beruf? ______________

Welche anderen Arbeiten hat er öfter gemacht? ______________

Arbeitsaufgaben

6 **Noch etwas Neues**

Ein Bild gehört
zum **Kubismus**, wenn die Welt in Quadraten und anderen eckigen Formen dargestellt ist.

Ein Bild gehört
zum **Surrealismus**, wenn es eine traumhafte unwirkliche Welt darstellt.

Das Bild gehört
zum **Realismus**, wenn es die wirkliche Welt darstellt.

Gehört das folgende Bild von Miró zum Kubismus, Surrealismus oder Realismus?

7 **Zeichne die feinen Linien dieses Miró-Bildes nach.**
Woran denkst du dabei?

8 **Lies Godis Brief noch einmal.**
Godi hatte ein anderes Miró-Bild. Wir kennen es nicht.

Male ein Bild von Godis Miró-Männchen.

9 **Gestalte einen Brief wie Godi zu dem Miró-Bild auf dieser Seite.**

Arbeitsaufgaben

10 Es gibt noch viele Miró-Männchen. Hier ist ein anderes.
Lass es zu dir sprechen und schreibe auf, was es sagt:

Sitzen geblieben:
Wenn in Deutschland eine Schülerin oder ein Schüler am Ende eines Schuljahres sehr schlechte Noten hat, muss sie oder er die Klasse noch einmal wiederholen. Sie oder er wird nicht versetzt, sondern „bleibt sitzen".

Ich kam mit dem Schulzeugnis nach Hause, in dem ein schrecklicher Satz zu lesen war, ein Satz, vor dem mein ganzes Dasein zerbrechen wollte. Ich ging mit diesem Satz große Umwege, wagte mich nicht mit ihm nach Hause. Als ich schließlich doch nach Hause kam, weil ich nicht die Kühnheit hatte, mich als Schiffsjunge nach Amerika anheuern zu lassen, saß bei meinen Eltern Fritz W. „Was machst du denn für ein betrübtes Gesicht?", rief er mir zu. „Ist es ein schlechtes Zeugnis?" fragte meine Mutter besorgt, und mein Vater blickte mich an, als sehe er alles Unheil der Welt hinter mir aufgetürmt. Ich reichte das Zeugnis meiner Mutter hin, aber Fritz riss es mir aus der Hand und las es schon, und brach in schallendes Gelächter aus. „Nicht versetzt", rief er und schlug sich mit seiner kräftigen Hand auf die Schenkel. „Nicht versetzt", rief er noch einmal. Während meine Eltern abwechselnd ihn und mich verstört anstarrten, und zog mich zu sich heran und schlug mir auf die Schulter. „Nicht versetzt, genau wie ich", rief er. „Ich bin viermal sitzengeblieben, alle begabten Männer sind in der Schule sitzengeblieben." Damit war die Todesangst zerstäubt, alle Gefahr war vergangen. Aus den verwirrten Gesichtern meiner Eltern konnte sich keine Wut mehr hervorarbeiten, sie konnten mir nichts mehr vorwerfen, da ja Fritz W., dieser tüchtige und erfolgreiche Mann, alle Schuld von mir genommen hatte und mich dazu noch besonderer Ehrung für würdig hielt.

dem mein ganzes Dasein zerbrechen wollte: ich hatte Angst, dass das ganze Leben kaputt wäre

wagte mich nicht mit ihm nach Hause: ich hatte Angst, nach Hause zu gehen

weil ich nicht die Kühnheit hatte: weil ich keinen Mut hatte

als Schiffsjunge nach Amerika anheuern: als Seemann auf einem Schiff zu fahren

als sehe er alles Unheil der Welt hinter mir aufgetürmt: der Vater sah das größte Unglück der Welt

brach in schallendes Gelächter aus: er lachte laut

zerstäubt: verflogen, weg

sie konnten mir nichts mehr vorwerfen: sie konnten nicht mehr Schlimmes über mich sagen

Arbeitsaufgaben

1 Lies und höre die Geschichte.
Wie viel hast du schon verstanden? Markiere deinen Standort. X

- alles
- viel
- mittel
- etwas
- nichts

2 Schlimme Folgen des Sitzenbleibens für jeden Schüler:

Freunde verlieren | *in andere Klasse kommen* | *sich fürchten vor …*

Schreibe drei Sätze:

Man ______________________

Man ______________________

Man ______________________

Gute Folgen des Sitzenbleibens:

wiederholen | *genauer und mehr lernen* | *bessere Noten*

Schreibe drei Sätze:

Man ______________________

Man ______________________

Man ______________________

3 Peters Zeugnis war wirklich schlecht. Aber die Person in der Geschichte verhielten sich ganz verschieden dazu.
Ergänze.

Der Junge wagte sich nicht nach Hause.	*Fritz W. brach in schallendes Gelächter aus.*
Er	*Er*
Die Mutter	
Der Vater	*Fritz W.*

Arbeitsaufgaben

4 **Was denkst du, warum Fritz W. sich so verhält und spricht?**
Kreuze eine Antwort an.

- ◯ weil er und alle begabten Männer in der Schule einmal sitzen geblieben sind
- ◯ weil es ihm nicht gefällt, bei so einer traurigen Familie zu Gast zu sein
- ◯ weil er dem Jungen neuen Mut zum Weitermachen und Lebensfreude geben will
- ◯ weil er nicht weiß, dass das Zeugnis für den Jungen wichtig ist

5 **Was ist dir im Leben wichtig? Nummeriere.**
Die Nummer 1 erhält, was dir am wichtigsten ist.
Du kannst auch noch etwas dazuschreiben.

- ◯ gesund sein
- ◯ gute Freunde haben
- ◯ gute Noten bekommen
- ◯ dankbar sein
- ◯ viel wissen und können
- ◯ Kraft haben
- ◯ an andere denken
- ◯ dich selbst mögen
- ◯ der Beste sein
- ◯ keine Angst haben
- ◯ Freude am Leben haben
- ◯ Fußball spielen
- ◯ viel Geld haben
- ◯ ______
- ◯ ______
- ◯ ______

6 **Wie war es, als du mit deinem letzten Zeugnis heimkamst?**

Lise, die Atomphysikerin

Auch in Deutschland leben Frauen noch nicht lange so selbstständig wie heute. Um 1900 konnten Mädchen und Frauen nicht einfach das Gleiche lernen und studieren wie Jungen und Männer.

Aber das Fräulein Lise Meitner begann trotzdem am 2. Oktober 1901 das Studium der Physik und Mathematik. Für Physik interessierte sie sich ihr Leben lang am meisten. „Es steht nicht im Physikbuch“, sagten schon ihre Geschwister, wenn sie im Haushalt etwas nicht wusste.

Heute sagt man nicht mehr Fräulein – jedes erwachsene Mädchen heißt in Deutschland „Frau“.

Im Haushalt, das sind Arbeiten zu Hause, zum Beispiel in der Küche.

Sie wollte Forscherin werden, obwohl das damals sehr ungewöhnlich für eine Frau war.

Eine Forscherin (oder ein Forscher) will etwas Neues finden oder entdecken. Deshalb muss sie/er erst alles, was man von der Sache weiß, lernen und studieren

Mit 28 Jahren hatte sie es geschafft. Sie war jetzt das Fräulein Doktor, Doktor der Physik.
Ihr Interesse galt von Anfang an der Wissenschaft, die zur Ausnutzung der Atomkraft führte.
31 Jahre arbeitete Lise Meitner in Berlin an dem berühmten Kaiser-Wilhelm-Institut mit dem Chemiker Otto Hahn zusammen an der Erforschung der Radioaktivität.

Die Physik erklärt zum Beispiel die Kräfte in der Natur und Technik (= Energien).

Sie arbeiteten sehr viel, lachten und scherzten aber auch miteinander. „Hähnchen, sei still“, sagte sie oft, „von der Physik verstehst du nichts.“

Arbeitsaufgaben

1 Kannst du erkennen, welche Wörter etwas mit Kräften zu tun haben? (3 Wörter sind falsch)

Dampf*kraft*	Sonne(n)
Wasser	Wind
Motor	Wolken
Papier	Geschirr
Atom	Muskel

Arbeitsaufgaben

Über ihre gemeinsamen Forschungen schrieben sie viele Artikel in wissenschaftlichen Zeitschriften und bekamen dafür auch Preise.

Schließlich begannen sie, Atomkerne des Urans mit Neutronen zu beschießen, um den Atomkern zu spalten.

Atom

Alles besteht aus Atomen.

Die Atome sind so klein, dass du sie auch nicht mit einem Mikroskop sehen kannst.

Jedes Atom hat einen Kern, um den die Elektronen unvorstellbar schnell kreisen.

Wenn die Elektronen oder Teilchen der Atomkerne ihre Plätze verlassen, entsteht manchmal Radioaktivität.

vgl. Seite 147 – *Spaltung*

Die Arbeit konnte sie nicht zu Ende führen. Sie musste plötzlich flüchten, um ihr Leben zu retten.

Es hatte nämlich die Regierungszeit von Hitler begonnen. Damals durften in Deutschland keine Juden arbeiten und leben. Lise Meitner war Jüdin. Deshalb war ihr Leben in höchster Gefahr. Man hätte sie verhaftet, wäre sie nicht heimlich innerhalb von zwei Tagen aus Berlin geflüchtet.

Die Trennung von Berlin, von ihrer Arbeit im Institut, von Otto Hahn schmerzte sehr. Nun lebte sie in einem Hotelzimmer in Schweden und hatte einen schlechten Arbeitsplatz. „Ich habe doch nichts Unrechtes getan! Meine Zukunft ist abgeschnitten“, schrieb sie.

2 **1938:**
Lise Meitner musste aus Deutschland flüchten. Sie suchte in Schweden Asyl.

Viele Juden ___

___

Sie ___ in Amerika Asyl.

Auch heute:

Menschen müssen

___ suchen.

Kennst du Länder, aus denen Menschen flüchten?

___

___

___

___

___

Sie hörte schließlich, dass Otto Hahn die Spaltung des Atomkerns gelungen wäre und er deshalb als großer Forscher bekannt wurde.

Lise Meitner schien man vergessen zu haben, obwohl sie zusammen die schwierige Aufgabe begonnen hatten. Sie war enttäuscht.

Im Zweiten Weltkrieg hätte Lise Meitner als Physikerin in die USA gehen und viel Geld verdienen können, weil man dort an der Atombombe baute.
Die Ergebnisse der ersten Kernspaltung in Deutschland waren eine wichtige Voraussetzung für den Bau der Atombombe. Lise Meitner lehnte diese Mitarbeit an der Atombombe ab und blieb noch längere Zeit in Schweden.

Sie wünschte nur eines: „Die neue Energiequelle sollte zu friedlichen Zwecken ausgenützt werden. Ich hoffe, die Konstruktion der Atombombe gelingt nicht, aber oft fürchte ich, sie gelingt doch.“

Arbeitsaufgaben

3 *Spaltung/spalten*

Beil
spalten
Holz

Blitz
spalten
Baum

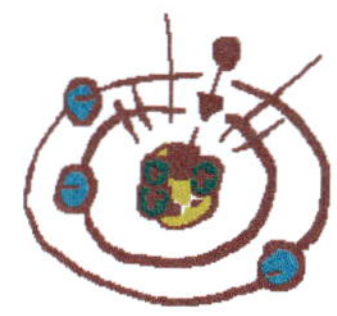

Neutron
spalten
Atomkern

Das Beil spaltet das Holz.

Der Blitz ______

Das ______

4 **Du kennst nun zwei der schlimmsten Ereignisse im Leben der Lise Meitner.**

1. Ereignis: ______

2. Ereignis: ______

5 **Was sagt dir, dass sie auch ein verantwortungsbewusster Mensch war? Kreuze eine Antwort an:**

- ○ Sie hat als Mädchen Physik studiert.
- ○ Sie hat die Mitarbeit an der Atombombe abgelehnt.
- ○ Sie hat nach der Flucht in Schweden gelebt.
- ○ Sie hatte keine Angst vor der Radioaktivität.

6 **Heute wissen wir: Die Atomenergie kann auch ohne die Atombombe gefährlich sein. Informiere dich**

- **über Fukushima,**
- **über Radioaktivität**

Frage Erwachsene. Recherchiere im Internet zu diesem Thema.

Die Geschichte des Ali Kodjah

Diese Geschichte stammt aus dem berühmten Erzählband „Tausendundeine Nacht“.

Unter der Regierung des Kalifen Harun Arraschid lebte in Bagdad ein Kaufmann namens Ali Kodjah, der zwar nicht zu den reichsten, aber auch nicht zu den ärmsten Leuten gehörte. Er wohnte im Haus seiner Väter und hatte weder Weib noch Kinder. In der Zeit, da er, ganz sein eigener Herr, zufrieden von den Einnahmen seinens Handels lebte, hatte er drei Nächte hintereinander einen Traum, worin ihm ein ehrwürdiger Greis mit strengem Blick erschien und einen heftigen Verweis gab, weil er die vom Gesetz vorgeschriebene Wallfahrt nach Mekka noch nicht gemacht habe. Seitdem peinigte* ihn sein Gewissen so sehr, dass er sich entschloss, mit der Erfüllung dieser Pflicht nicht mehr länger zu zögern.

Um seinen Plan noch im laufenden Jahr ausführen zu können, verkaufte Ali Kodjah seine Gerätschaften, seinen Laden und den größten Teil der darin enthaltenen Waren und behielt nur diejenigen, für die er in Mekka mit Absatz* rechnen konnte; für sein Haus fand er Gelegenheit, es zu verpachten*. Doch wollte er noch eine Summe von tausend Goldstücken, die ihn unterwegs nur belästigt hätten, in Sicherheit bringen.

Ali Kodjah wählte ein Gefäß von passender Größe aus, legte die tausend Goldstücke hinein und füllte es dann mit Oliven auf. Nachdem er es noch gut verschlossen hatte, brachte er es zu einem Kaufmann, der sein guter Freund war, und sagte zu ihm: „Bruder, du weißt, dass ich in einigen Tagen mit der Karawane* die Wallfahrt nach Mekka antrete. Wolltest du nicht die Gefälligkeit* haben, dieses Olivengefäß hier bis zu meiner Wiederkehr in Verwahrung zu nehmen?“

Der Kaufmann antwortete darauf sehr verbindlich: „Da hast du den Schlüssel zu meinem Speicher, trage das Gefäß selbst dahin und setze es nieder, wo du willst, ich verspreche dir, dass du es unversehrt dort wieder vorfinden wirst.“

Ali Kodjah kam glücklich nach Mekka, …

*peinigte: *quälte, sein Gewissen ließ ihm keine Ruhe*
*Absatz: *Verkauf*
*verpachten *vermieten*
*Gefälligkeit: *Freundlichkeit*

Arbeitsaufgaben

1 **Lies und höre die Geschichte.**
Wie viel hast du schon verstanden? Markiere deinen Standort. X

- alles
- viel
- mittel
- etwas
- nichts

2 **Hier findest du Erklärungen zu einigen Begriffen aus dem Text.**
Ordne sie richtig zu und verbinde.

ehrwürdiger Greis	Reise zu einer heiligen Stätte
heftiger Verweis	auf etwas aufpassen
Wallfahrt	geachteter alter Mann
nicht länger zögern	strenger Tadel
sie hätten ihn nur belästigt	sie hätten ihn nur gestört
etwas in Sicherheit bringen	etwas gut aufbewahren
etwas in Verwahrung nehmen	nicht abwarten
unversehrt vorfinden	etwas wohlbehalten wiedersehen

3 **Kannst du diese Fragen zum Text beantworten?**

Welchen Beruf hat Ali Kodjah?

Ist er verheiratet?

Wie viel Geld hat er in Sicherheit gebracht?

Woher hat er das Geld?

4 **Höre die Geschichte noch einmal und betrachte dabei die Bilder auf der folgenden Seite. Bis zu Bild ⑨ ist der Inhalt auch ohne CD kein Problem. Oder?**

1
Mekka
2
3
7 Jahre
Mussul
Damaskus
Bagdad
Kahira
Schiras
Mekka
4
5
6
7
?
8
9
10
11
12

Arbeitsaufgaben

5 **Hier wird eine Kurzfassung von Ali Kodjahs Erlebnissen erzählt.**
Achtung: Alles ist durcheinander geraten!
Bringe die Textstellen in die richtige Reihenfolge.
Zu jedem Bild von S. 154 gehört ein Teil.
Trage die Nummern der Bilder ein.

- ◯ Anschließend reiste er nach Mekka und zog dann sieben Jahre lang von Stadt zu Stadt.
- ◯ Sein Freund fand das Geld im Olivengefäß. Er nahm es heraus.
- ◯ Ali Kodjah hatte drei Nächte hintereinander einen Traum. Er sah einen alten Mann, der ihm befahl, nach Mekka zu reisen.
- ◯ Ali versteckte 1 000 Goldstücke in einem Olivengefäß und brachte es seinem Freund zur Aufbewahrung.
- ◯ Auch vor dem Kadi (= Richter) schwor er, dass er das Geld nicht genommen habe. Deshalb sprach ihn der Kadi frei.
- ◯ Harun Arraschid ließ den Jungen zur richtigen Verhandlung am nächsten Tag holen. Auch da konnte er den „falschen Freund“ überführen. Der „Freund“ wurde verurteilt, Ali bekam sein Geld zurück und der Junge wurde belohnt.
- ◯ Als Ali von der Reise zurückkam, holte er sein Olivengefäß ab.
- ◯ Am Abend gingen der Kalif und sein Großwesir durch Bagdad. In einem Hof hinter einer Tür hörten sie Kinderstimmen. Die Kinder spielten den Streit zwischen Ali Kodjah und seinem Freund vor dem Richter. Ein kluger Junge, der den Kadi spielte, konnte im Spiel dem Freund das Verbrechen nachweisen. Der Kalif war von dem gescheiten Jungen sehr beeindruckt.
- ◯ Danach füllte er frische Oliven ein. Das Geld versteckte er.
- ◯ Weil Ali das ungerechte Urteil nicht hinnehmen wollte, überreichte er dem Kalifen Harun Arraschid eine Bittschrift. Der Kalif versprach, sich am nächsten Tag um die Angelegenheit zu kümmern.
- ◯ Zu Hause wollte er seine Goldstücke herausnehmen. Das Gold war aber verschwunden.
- ◯ Ali beschuldigte seinen Freund, das Geld genommen zu haben. Der aber sagte: „Ich habe das Gefäß nicht berührt.“

32 **Den Schluss der Geschichte findest du auf der CD.**

6 **Jetzt kannst du die Geschichte aufschreiben.**
Kannst du sie auch jemanden erzählen?

Textquellen

S. 22: Curie, Eve: Aus dem Leben von Marie Curie
Aus: Eve Curie, Madame Curie. Eine Biographie. Frankfurt: Fischer TB Verlag 1983, S. 82 f.

S. 24: Kästner, Erich: Gullivers Reisen
Aus: Gullivers Reisen, erzählt von Erich Kästner, Dressler Verlag: Hamburg 2007, S. 17-22 (gekürzt)

S. 28: Jandl, Ernst: Kleine Auswahl
Aus: Ernst Jandl, Der gelbe Hund. Darmstadt, Neuwied: Luchterhand 1997

S. 31–32: Pressler, Mirjam: Der fremde Hof
Aus: Mirjam Pressler, Leselöwen. Trau-dich-Geschichten. Bindlach: Löwes 1986

S. 38–39: Mann, Thomas: Buddenbrooks
Aus: Thomas Mann, Buddenbrooks. Frankfurt: Fischer TB Verlag 1989, S. 329 f. (gekürzt)

S. 46: Gletscher fließen uns davon
Aus: Sonderheft aus der Reihe "Ich tu was ... für den Klimaschutz", hrsg. v. Bayerisches Staatsministerium für Umwelt und Verbraucherschutz, September 2016, Seite 12.

S. 57: Lindenberg, Udo: Er wollte nach London. Star Musik Produktion, Hamburg

S. 60: Ewald, Rüdiger: Ein ganzes Dorf stellt sich in den Laden.
Aus: Süddeutsche Zeitung v. 7.3.1991.

S. 62: Maar, Paul: Sägen sägen
Aus: Wie man Berge versetzt. 6. Jahrbuch der Kinderliteratur, hrsg. v. H.-J. Gelberg. Weinheim, Basel: Beltz 1981

S. 64–65: Saint-Exupéry, Antoine de: Der Kleine Prinz
Aus: Antoine de Saint-Exupéry. Düsseldorf: Karl Rauch Verlag 2016, S. 7–13

S. 70: Härtling, Peter: Vielleicht ein Anfang
Aus: Peter Härtling, Jacob hinter der blauen Tür. Weinheim, Basel: Beltz 1983

S. 75–76: Wie kommt die Elektrizität in die Wohnung?
Nach: Tillie S. Pine/Joseph Levine, Strom – Naturgesetze einfach erklärt. Freiburg: Herder 1969 (Textbearbeitung)

S. 79: Spinnen
Aus: Daniel Mann, Rekorde der Tierwelt. München, Berlin: Herbig 1979 (Textbearbeitung)

S. 82: Kilian, Susanne: Geschichte, leider ohne Ende
Aus: Am Montag fängt die Woche an. 2. Jahrbuch der Kinderliteratur, hrsg. v. H.-J. Gelberg. Weinheim, Basel: Beltz 1984

S. 85: Künzler-Behncke, Rosemarie: Sehen
Aus: Augenaufmachen. 7. Jahrbuch der Kinderliteratur, hrsg. v. H.-J. Gelberg. Weinheim, Basel: Beltz 1984

S. 88: Novak, Helga M.: Schlitten fahren
Aus: Helga M. Novak, Geselliges Beisammensein. Neuwied/Berlin: Luchterhand 1968

S. 90: Frank, Anne: Das Tagebuch der Anne Frank
Aus: Anne Frank, Tagebuch. Fassung von Otto H. Frank u. Mirjam Pressler. Frankfurt/M.: S. Fischer 2001

Textquellen

S. 94–95: Kerr, Judith: Als Hitler das rosa Kaninchen stahl
Aus: Judith Kerr, Als Hitler das rosa Kaninchen stahl. Ravensburg: Ravensburger Buchverlag 2016

S. 99: Brecht, Bertolt: Der Rauch
Aus: Bertolt Brecht, Gesammelte Werke, Bd. 2. Frankfurt/M.: Suhrkamp 1967

S. 102: Thiel, Gudrun: Wie gehts? Ein Interview
Aus: Süddeutsche Zeitung, Magazin v. 3.1.1992.

S. 104: Kalte Kost
Aus: Frankfurter Allgemeine Sonntagszeitung v. 18. September 2016, S. 59

S. 108: Bewerunge, Michael: Ein Portrait. Werner M., Abenteuer-Koch
Aus: Süddeutsche Zeitung v. 25.10.1991.

S. 110: Typisch deutsch?
Aus: Spuren suchen, Heft 3/1989. Zeitschrift der Körber-Stiftung, Hamburg (Textbearbeitung)

S. 113: Noack, Hans-Georg: Rolltreppe abwärts
Aus: Hans-Georg Noack, Rolltreppe abwärts. Ravensburg: Ravensburger Buchverlag 2016

S. 116: Zauberei. Der große Telefonbuchtrick
Nach: Christoph-Joachim Schröder, AOL-Zauberei, Bd. 1. Lichtenau: AOL-Verlag 1985 (Textbearbeitung)

S. 121: Thurber, James: Die Kaninchen, die an allem Schuld waren
Aus: P. Alverdes, Rabe, Fuchs und Löwe – Fabeln der Welt. München: Ehrenwirth 1965

S. 125: „Duale Ausbildung"
Aus: Arbeitslehre in der Hauptschule, 9. Schuljahr.
Regensburg: Wolf 1987 – *S. 125* (Textbearbeitung)

S. 128–129: Liepmann, Heinz: Eine Gerichtsverhandlung in New York
Aus: „Telegraf" Nr. 17/3 v. 21.1.1948

S. 133: Tamm-Hapke, Jutta: Mit 14 Jahren nach Australien – ein deutsches Mädchen erzählt
Nach: Auswanderergeschichten aus Australien. München: dtv 1987 (Textbearbeitung)

S. 137–138: Schwarz, Annelies: Die Grenze – ich habe sie gespürt
Aus: Annelies Schwarz, Die Grenze – ich habe sie gespürt. München: dtv 1991

S. 146: Weiss, Peter: Sitzen geblieben
Aus: Peter Weiss, Abschied von den Eltern. Frankfurt/M.: Surkamp 2007 (Überschrift geändert)

S. 149–151: Lise, die Atomphysikerin
Nach: Charlotte Kerner, Lise, die Atomphysikerin. Weinheim, Basel: Beltz 2014 (Textbearbeitung)

S. 152: Die Geschichte des Ali Kodjah, Kaufmann von Bagdad
Aus: 1001 Nacht, Bd. 2. München: Kaisersche Verlagsbuchhandlung 1971

Bei den hier nicht aufgeführten Texten handelt es sich um Autorentexte für diesen Band.

Bildnachweis

Alle Illustrationen, sofern nicht anders angegeben:
Niels Schröder

Abbildungen:

akg-images, Berlin: 54, 64.2, 73, 91 unten (Fototeca Gilardi)

alamy images, Abingdon/Oxfordshire: 58.4 (Betty Johnson), 144 (PAINTING)

APA-PictureDesk, Wien: 30.2 (Joker/ullstein bild), 104 (Gamma)

Berghahn, M., Bielefeld: 24; bildagentur-online, Burgkunstadt: 125.1 (Ablestock)

Bridgeman images, Berlin: 145 (VG Bild-Kunst 2016)

Das Bundesarchiv, Koblenz: 141.2

Fabian, M., Hannover: 87

fotolia.com, New York: 29.1 (Gennadiy Poznyakov), 29.2 (kerkezz), 58.1 (grafikplusfoto), 99 (golikov), 109 (JRstock), 110.1 (fefufoto), 110.2 (Picture-Factory), 116 (Miqul)

Getty Images, München: 22 (Underwood & Underwood), 92 (Anne Frank Fonds), 151 (Bettmann)

Jung, S., Mandelbachtal: 60

Karl Rauch Verlag, Düsseldorf: 64.1 (Antoine de Saint-Exupéry: Der kleine Prinz, Düsseldorf, Rauch, 1998)

Kommission für Glaziologie der Bayerischen Akademie der Wissenschaften, München: 46

Mauritius, Mittenwald: 128 (Thinkstock)

Minkus IMAGES Fotodesignagentur, Isernhagen: 58.2

Picture-Alliance, Frankfurt/M.: 39 (AP), 58.6 (Hady Khandani), 70, 90 (akg-images), 125.2 (SZ Photo), 127.1, 127.2 (W. Baum)

S. Fischer Verlag, Frankfurt/Main: 93

Schöningh Verlag, Paderborn: 136

Shutterstock.com, New York: 58.3 (Kuzma), 58.5 (Jason Stitt)

Südverlag/UVK Verlagsgesellschaft, Konstanz: 52 (e.o. plauen (Erich Ohser): Der verlorene Sohn/Der kleine Auskneipfer)

Thinkstock, Sandyford/Dublin: Titel (Creatas Images)

ullstein bild, Berlin: 20 (Roger Viollet), 30.1, 101 (Archiv Gerstenberg), 141.1 (Fritz Eschen), 149.

Inhalt der Audio-CD „Schritt für Schritt 3"

Thema	Tracks
Kälteschock im Supermarkt, von Rolf-Wilhelm Brednich	01
Mini-Bücher selbst erstellen	02
Madame Curie	03
Aus dem Leben von Madame Curie, von Eve Curie	04
Gullivers Reisen, von Erich Kästner	05
Kleine Auswahl, von Ernst Jandl	06
Der fremde Hof, von Mirjam Pressler	07
Geräusche zur Geschichte „Der fremde Hof"	08
Buddenbrooks, von Thomas Mann	09
Zwischen zwei Welten	10
Woher kommst Du?	11
Gletscher fließen uns davon	12
Die erste Eisenbahn	13
Er wollte nach London, von Udo Lindenberg	14
Ein ganzes Dorf stellt sich in den Laden	15
Sägen sägen, von Paul Maar	16
Der Kleine Prinz, von Antoine de Saint-Exupéry	17
Witze	18
Vielleicht ein Anfang, von Peter Härtling	19
Der Buchdruck	20
Geschichte, leider ohne Ende, von Susanne Kilian	21
Sehen, von Rosemarie Künzler-Behncke	22
Schlittenfahren, von Helga M. Novak	23
Das Tagebuch der Anne Frank	24
Als Hitler das rosa Kaninchen stahl, von Judith Kerr	25
Der Rauch, von Bertolt Brecht	26
Rolltreppe abwärts, von Hans-Georg Noack	27
Die Kaninchen, die an allem Schuld waren, von James Thurber	28
Die Grenze – ich habe sie gespürt, von Anneliese Schwarz	29
Sitzen geblieben, von Peter Weiss	30
Die Geschichte des Ali Kodjah, aus Tausendundeine Nacht	31
Die Geschichte des Ali Kodjah, Fortsetzung	32

Impressum

westermann GRUPPE

© 2017 Bildungshaus Schulbuchverlage
Westermann Schroedel Diesterweg Schöningh Winklers GmbH, Braunschweig
www.schroedel.de

Das Werk und seine Teile sind urheberrechtlich geschützt. Jede Nutzung in anderen als den gesetzlich zugelassenen Fällen bedarf der vorherigen schriftlichen Einwilligung des Verlages.
Hinweis zu § 52a UrhG: Weder das Werk noch seine Teile dürfen ohne Einwilligung gescannt und in ein Netzwerk eingestellt werden. Dies gilt auch für Intranets von Schulen und sonstigen Bildungseinrichtungen. Für Verweise (Links) auf Internet-Adressen gilt folgender Haftungshinweis: Trotz sorgfältiger inhaltlicher Kontrolle wird die Haftung für die Inhalte der externen Seiten ausgeschlossen. Für den Inhalt dieser externen Seiten sind ausschließlich deren Betreiber verantwortlich. Sollten Sie daher auf kostenpflichtige, illegale oder anstößige Inhalte treffen, so bedauern wir dies ausdrücklich und bitten Sie, uns umgehend per E-Mail davon in Kenntnis zu setzen, damit beim Nachdruck der Verweis gelöscht wird.

Druck A[1] / Jahr 2017
Alle Drucke der Serie A sind im Unterricht parallel verwendbar.

Redaktion: Christian Becker
Illustrationen: Niels Schröder
Umschlaggestaltung: Lio Design, Braunschweig
Layout: Sandra Grünberg
Satz und technische Umsetzung: DTP-Schriftsatz Holtmanns, Krefeld
Druck und Bindung: westermann druck GmbH, Braunschweig

ISBN 978-3-507-**40102**-9